Ho'oponopono

Dados Internacionais de Catalogação na Publicação (CIP)
(Câmara Brasileira do Livro, SP, Brasil)

Dujardin, Laurence
 Ho'oponopono : um método simples e eficaz para nos libertar do peso da memória / Laurence Dujardin ; [tradução Sonia Fuhrmann]. – Petrópolis, RJ : Vozes, 2021.

 Título original: Ho'oponopono : une méthode simple et efficace pour se libérer du poids de sa mémoire
 Bibliografia.
 ISBN 978-65-571-3032-2

 1. Autoconhecimento 2. Corpo e mente (Terapia) 3. Cura pela mente 4. Filosofia de vida 5. Ho'oponopono – Técnica de cura 6. Medicina alternativa – Havaí 7. Vida espiritual I. Título.

20-48206　　　　　　　　　　　　　　　　　　CDD-615.8528

Índices para catálogo sistemático:
1. Poder de cura : Meditação : Terapias alternativas　　615.8528

Maria Alice Ferreira – Bibliotecária – CRB-8/7964

Laurence Dujardin

Ho'oponopono

Um método simples e eficaz para nos libertar do peso da memória

Tradução de Sonia Fuhrmann

© 2015, 2019, Éditions Éyrolles, Paris, França
Edição em língua portuguesa (Brasil) publicada mediante acordo com A.C.E.R.

Título original em francês: *Ho'oponopono*

Direitos de publicação em língua portuguesa – Brasil:
2021, Editora Vozes Ltda.
Rua Frei Luís, 100
25689-900 Petrópolis, RJ
www.vozes.com.br
Brasil

Todos os direitos reservados. Nenhuma parte desta obra poderá ser reproduzida ou transmitida por qualquer forma e/ou quaisquer meios (eletrônico ou mecânico, incluindo fotocópia e gravação) ou arquivada em qualquer sistema ou banco de dados sem permissão escrita da editora.

CONSELHO EDITORIAL

Diretor
Gilberto Gonçalves Garcia

Editores
Aline dos Santos Carneiro
Edrian Josué Pasini
Marilac Loraine Oleniki
Welder Lancieri Marchini

Conselheiros
Francisco Morás
Ludovico Garmus
Teobaldo Heidemann
Volney J. Berkenbrock

Secretário executivo
João Batista Kreuch

Editoração: Maria da Conceição B. de Sousa
Diagramação: Sheilandre Desenv. Gráfico
Revisão gráfica: Alessandra Karl
Capa: Érico Lebedenco

ISBN 978-65-571-3032-2 (Brasil)
ISBN 978-2-212-55978-1 (França)

Editado conforme o novo acordo ortográfico.

Este livro foi composto e impresso pela Editora Vozes Ltda.

SUMÁRIO

Introdução, 11

Parte 1 As origens e os princípios básicos, 15

Capítulo 1 As origens ancestrais, 21

As origens ancestrais, 21
Tradições havaianas e polinésias, 21
Problemas universais, 23
Morrnah e a libertação do carma, 24
O carma, 24
O método de Morrnah, 26
Ciências e espiritualidade, 27
A experiência do Dr. Ihaleakala Hew Len, 29
O método empregado, 29
Joe Vitale, compreender para crer, 31
É sua vez de jogar, 32
Guardar o essencial, 33

Capítulo 2 Ho'oponopono e nossa identidade, 35

Constituição da identidade, 37
Os três "eus", 37
A inteligência divina, 38
Desunião interna, 38
Harmonia e equilíbrio, 39
Quatro necessidades básicas, 39
Reatar com a criança interior, 40

A contribuição de ho'oponopono, 42
:   As quatro fases do desapego, 42
    O amor, elemento indispensável, 43
Guardar o essencial, 44

Capítulo 3 Princípios básicos do método, 47
Trabalhar o desapego, 49
:   Identificar as resistências, 49
    As várias situações, 50
Nossos pensamentos criam nossa realidade, 51
:   Pensar é suficiente?, 51
    O pensamento, uma energia, 52
    Conhecer a própria energia, 53
Passar à ação, 55
:   Um novo olhar sobre a realidade, 55
    Combater os pensamentos errados, 56
    Sair do círculo vicioso das memórias erradas, 59
Trabalhar a partir de si mesmo, 60
:   Mudar a si mesmo em vez de mudar os outros, 60
    Aprender a ter paciência, 62
Guardar o essencial, 64

Parte 2 Porque isso funciona, 65

Capítulo 4 Um mundo de energias, 69
Compreender nosso sistema de vida, 70
:   Uma realidade que não é só material, 70
    Uma questão de energias, 71
    Um exemplo: as experiências de Masaru Emoto, 73
Mudar nossa visão de mundo, 75
:   Uma nova configuração, 75
    Desligar-se das falsas realidades, 76
    Encontrar o próprio poder, 77

Aumentar a percepção, 79
Guardar o essencial, 80

Capítulo 5 As leis invisíveis em ação, 81
A lei da manifestação, 82
A transmutação dos pensamentos, 83
Reformular as intenções, 84
Uma manifestação do essencial, 88
A lei da aceitação, 88
A vida não é um "sonho", 88
Paciência e bondade, 89
Desapegar, 91
A lei da gratidão, 92
Jogar fora a energia negativa, 92
Conservar a energia positiva, 94
Viver no momento presente, 94
Perdoar, 100
As marcas do passado, 100
Traços indeléveis, 101
O perdão como libertação, 102
Guardar o essencial, 103

Capítulo 6 Apagar as memórias erradas, 105
O caminho da inspiração, 106
Uma bagagem de experiências, 106
O ego dominante, 108
Muito trabalho pela frente, 108
Seguir a inspiração para encontrar a essência, 109
O processo de limpeza, 110
O que é um mantra?, 110
Por que razão "sinto muito"?, 111
O perdão, 112
Sou grato, 114
Libertar sem amor?, 114

Os benefícios da prática, 115
   Abertura de possibilidades, 115
   Um novo modo de pensamento, 116
   Aceitar um sistema equilibrado, 118
Guardar o essencial, 119

Parte 3 Praticar no cotidiano, 121

Capítulo 7 Metodologia, 125

O processo de limpeza, 125
   A oração de Morrnah, 126
   O mantra, 126
   A renúncia cármica, 128
A recitação, 130
   Simplicidade de uso, 130
   Quando recitar as quatro frases?, 131
   Frequência de recitação, 131
   Postar a voz, 132
Uma prática individual, 135
Guardar o essencial, 137

Capítulo 8 Campos de aplicação, 139

As limitações indesejáveis, 140
Libertar o passado, 142
Melhorar as relações, 145
   Sair dos conflitos, 145
   Relacionamentos poluentes, 146
   Um trabalho sobre si mesmo, 147
A saúde, 149
   A decodificação biológica, 149
   Aceitar o que somos, 153
Abundância, sucesso, trabalho, 154
   Memórias que limitam, 154
   Permitir as soluções, 155

A retomada da cura, 158
Ho'oponopono para começar e terminar o dia, 160
Preparar um momento importante, 161
A todo momento, 161
Guardar o essencial, 163

Capítulo 9 E depois..., 165
Aceleração da energia, 166
Uma nova energia, 166
Numerosas ferramentas, 167
Muito bom para ser verdade?, 167
Permanecer consciente, 167
Ser a causa e a solução, 168
Mudar a si mesmo, mudar o mundo, 170
Um método egoísta?, 170
Manter o rumo, 171
Para terminar, 173
Guardar o essencial, 175

Referências, 177

Introdução

Ho'oponopono é um método que permite interagir sobre o nosso entorno e sobre tudo o que vivemos, assim como tratar dos problemas a partir do único ponto de ancoragem essencial: nosso próprio ser. De fato, somos como um ponto no meio de uma matriz que só pode se deslocar se nós nos deslocarmos.

Esse método de desenvolvimento pessoal tem suas origens na tradição havaiana antiga, mas foi durante o século XX que conheceu um grande desenvolvimento graças aos trabalhos de Morrnah Simeona e, em seguida, aos trabalhos do Dr. Ihaleakala Hew Len e de Joe Vitale. Voltaremos a falar sobre eles na primeira parte deste trabalho.

Praticar ho'oponopono significa nos tornarmos livres de tudo aquilo que atrapalha e trava, significa também nos libertar de todos os fardos que nos sobrecarregam graças à repetição das frases: sinto muito[1], me perdoe, sou grato, te amo.

---

[1] Utilizaremos o masculino para deixar a estrutura frasal mais leve, mas evidentemente este livro se dirige tanto a homens quanto a mulheres.

Do ponto de vista lógico isso parece improvável, difícil, até mesmo impossível. No entanto, nossos leitores certamente já se sentiram tocados ou interessados por essa ideia, razão pela qual têm este livro em suas mãos. Ele ajudará a descobrir ho'oponopono ou então a aprofundar ainda mais os conhecimentos.

Qualquer que seja a motivação para a utilização do método, ele pode transformar totalmente uma vida, sendo simples de utilizar e até mesmo lúdico. Ho'oponopono simplesmente permite tornar nosso cotidiano mais leve ou então desbloquear as crenças e programações há muito tempo ancoradas profundamente em nós. De fato, ho'oponopono permite tratar facilmente qualquer situação problemática ou causadora de sofrimentos, assim como atacar de frente as preocupações de qualquer tipo. Além disso, também possibilita encontrar a liberdade de agir, de pensar e de *ser* em todos os níveis. Esse método favorece o encontro da paz e da serenidade. Quanta satisfação ao constatar as mudanças trazidas "como por milagre" a tudo o que nos rodeia!

Por outro lado, ho'oponopono nos mostra a que ponto nossos pensamentos e nosso nível de energia têm consequências importantes sobre nosso entorno. De fato, esse método lança mão de evidências que governam todo o universo para que possamos evoluir em total liberdade – voltaremos às evidências resgatadas nas quatro frases fundamentais.

Eu mesma sou uma fervorosa utilizadora de ho'oponopono: a descoberta do método me ajudou muito. O caminho que escolhi trilhar me fez aprender e colocar o método em prática, em qualquer situação. Pude observar grandes transformações! Ho'oponopono me ajudou principalmente a desvencilhar das programações familiares (são as mais importantes para todos nós) e eu o emprego em qualquer ocasião, preventivamente ou para resolver um problema já existente. Costumo associá-lo ao *feng shui* e à reprogramação ADN (mais detalhes sobre essas práticas serão fornecidos à medida que avançamos). Recomendo essas práticas aos meus clientes.

A prática de ho'oponopono permite que nos reconectemos a nós mesmos, o que constitui – estou certa – o desafio principal do século XXI para cada um de nós.

Neste livro voltaremos nosso olhar para as origens e os fundamentos do método ho'oponopono e tentaremos explicar por que funciona para tantas pessoas. Disponibilizamos explicações e exercícios ao longo do livro, principalmente na última parte, para dar apoio à prática cotidiana de ho'oponopono. No final do livro, as referências bibliográficas deverão encorajar todos a aprofundarem os conhecimentos sobre essa prática.

Parte 1

As origens e os princípios básicos

"A paz começa consigo mesmo. Estamos aqui somente para trazer a paz às nossas vidas e, se trouxermos paz às nossas vidas, tudo à nossa volta encontra seu lugar, seu ritmo e a paz."
Morrnah Nalamaku Simeona

Muitas ferramentas ou ciências chamadas "novas" existem de fato há muito tempo. Minhas especialidades preferidas são o *feng shui* e a geobiologia. O *feng shui* é utilizado para gerenciar as energias de um lugar, baseando-se na ideia de que estamos em conexão com o lugar e o meio ambiente onde vivemos, da mesma forma que todos estamos em interação energética. Assim, seria possível decodificar grande parte de nosso inconsciente através de nosso interior e então agir sobre ele fazendo algumas modificações. O *feng shui*, como o ho'oponopono, baseia-se na lei da atração, segundo a qual nós atraíamos aquilo que temos dentro de nós. A geobiologia estuda o ambiente e suas interações com a terra, e mais precisamente as diferentes influências de um lugar e seu entorno sobre as coisas vivas (seres humanos, animais, vegetais). A geobiologia permite detectar e neutralizar elementos nocivos capazes de causar problemas de saúde ou de bem-estar.

Os fenômenos geobiológicos são variados: ondas de forma, água, falhas, campos eletromagnéticos.

Os trabalhos de alguns cientistas mostram que existem redes sob a Terra e que nosso planeta emite ondas magnéticas.

A Terra estaria envolvida por um campo magnético gerado pelo movimento do magma fluído do núcleo externo, com dois polos: norte e sul. De fato, existe uma rede de linhas entrelaçadas que se manifestam por seus traços físicos sobre a Terra. Essa rede é diferente do sistema de meridianos e paralelos; mas, em alguns aspectos, apresenta algumas relações com ele. Alguns pioneiros redescobriram tais redes no final do século XIX se orientando pelas percepções e conhecimentos dos ancestrais chineses, dos aborígenes australianos e dos kogis, entre outros. Ficou claro que o alinhamento de lugares sagrados e as redes de linhas estariam na origem de verdadeiros condutores de energia.

No entanto, como os ignoramos, nos espantamos ainda com a possibilidade do impacto, quase sempre negativo, que causam sobre os lugares em que vivemos. Embora essas redes magnéticas fossem percebidas pelos povos antigos, nós colocamos em dúvida sua existência. Tomemos como exemplo os numerosos lugares sagrados, como igrejas e catedrais, que foram construídas sobre antigos sítios religiosos, eles próprios escolhidos por razões ligadas à geobiologia. Georges Prat, geobiólogo e arquiteto francês, conta que um dia, pesquisando em um terreno uma corrente vibratória espantosamente elevada, constatou que essa corrente de 40cm de largura se prolongava, nos dois sentidos, na direção de duas antigas igrejas e as ligava. Essa descoberta foi a origem de suas pesquisas sobre os fluxos unindo os lugares sagrados. Seguindo os fluxos de energia sobre todo um território podemos tornar conhecido o mapa de sua rede. Os fluxos ligam outros lugares sagrados em linha reta (igrejas antigas, lugares de culto romanos, megalitos), atravessando territórios sem perder a intensidade; às vezes, longas distâncias.

Ho'oponopono se depara com o mesmo fenômeno: não é novidade que temos e estamos confrontados com nossas memórias. Pois bem, as tradições muito antigas já conheciam o problema e trabalhavam com elas. Será que um dia a humanidade passou por um banho enorme (enganador e não revelador) que teria apagado todo conhecimento e relação com as coisas mais essenciais da vida?

Observação

> Uma memória é um programa inconsciente criado por um acontecimento vivido pela pessoa no passado. É a partir dessa memória que uma crença pôde ser criada, deformando a percepção da realidade. Todas as nossas crenças são como filtros que deformam nossa percepção do mundo, são véus que nos impedem de ser conscientes. Evidentemente, as memórias estão ancoradas em nós porque estão gravadas em nosso cérebro, sendo incorretas, pois estão ligadas a pensamentos falsos alimentados pela mente.

Nesta primeira parte apresentaremos as fontes de ho'oponopono, a maneira como é construída nossa identidade e o método dos grandes princípios de ho'oponopono.

Capítulo 1

AS ORIGENS ANCESTRAIS

No programa
- As origens ancestrais
- Morrnah e a libertação do carma
- Ciências e espiritualidade
- A experiência do Dr. Ihaleakala Hew Len
- É a sua vez de jogar
- Guardar o essencial

> *"Quando a frase 'seja feito/assim seja' é utilizada no final da oração, isso significa que o trabalho do homem terminou e o de Deus começa."*
> Morrnah Nalamaku Simeona

As origens ancestrais
Tradições havaianas e polinésias

A origem de ho'oponopono se encontra em ilhas afastadas: no Havaí e em toda a Polinésia. É difícil datar precisamente seu aparecimento, porque o povo havaiano possuía uma tradição oral, não existindo traços escritos. Assim, nos concentraremos sobre a essência do método. *Ho'o* significa "começar uma ação" e *pono* significa "bom", "honesto", "justo", "igual", "calmo". O significado de ho'oponopono remete à ideia de "colocar em ordem", ou então "reestabelecer o equilíbrio", e tem sua origem profunda em um ritual ancestral utilizado no Havaí. Esse método era usado para resolver diferentes problemas de comunicação com os quais as comunidades se deparavam. Ele servia para que cada um se reconciliasse ou se arrependesse.

As tradições polinésias consideravam que um mau comportamento pessoal poderia ser a fonte de doenças. Se alguém ficava doente tomava-se a decisão de curá-lo pelos rituais de penitência. Dessa forma, pelo perdão e o reconhecimento do "mal", eram reconstituídos os laços quebrados dentro da família, podendo-se novamente encontrar a alegria e a saúde no seio da irmandade.

A tradição havaiana, tanto quanto a polinésia, considera também que o sentimento de culpa e a falta de perdão são elementos recorrentes capazes de degradar uma família. Além disso, de acordo com outra crença, o "doente" que não se submetesse à penitência era necessariamente punido pelas leis divinas e espirituais. Dessa forma, todos tinham interesse em reconhecer as disfunções e de remediá-las!

Para resolver os problemas, desfazer as situações amarradas, reuniões eram organizadas entre as famílias durante as quais faziam-se orações; as dificuldades encontradas eram formuladas concretamente e os erros de uns e outros eram reconhecidos.

A ideia era, antes de tudo, perdoar e aceitar o que existia, muito mais do que imputar o erro ao outro para não se sentir responsável. Cada qual exprimia seus ressentimentos mais profundos e era ouvido. Tratava-se de uma espécie de meditação em grupo que respeitava cada um dos membros.

Problemas universais

Dessa forma, as dificuldades encontradas e combatidas por esses povos antigos ainda hoje afetam as famílias e as inter-relações. A falta de comunicação e de reconhecimento dos próprios erros não auxilia a paz e a harmonia no interior da família ou dos relacionamentos, não importa qual sejam nem onde ocorram.

Ainda hoje, ganharíamos muito utilizando regularmente aquelas práticas em nossas sociedades e famílias. Quem sabe poderíamos atenuar as consequências desastrosas da falta de comunicação flagrante que reina nas relações interpessoais.

Morrnah e a libertação do carma

Morrnah Nalamaku Simeona devolveu esses ritos ancestrais para a atualidade.

Morrnah Nalamaku Simeona

Nascida em 19 de maio de 1913 em Honolulu, Havaí, falecida em 1992 em Munique, era filha de uma das últimas "sacerdotisas" havaianas que curavam pelas palavras – tinha assim de quem puxar! Antes de se lançar nesse processo, Morrnah foi curandeira e massagista. Em 1976, decidiu adaptar as antigas maneiras do fazer tradicional de sua ilha à realidade social de seu tempo. Seu trabalho é fruto de sua educação (católica e protestante) e de seus estudos de filosofia (principalmente filósofos indianos e chineses). Fez conferências pelo mundo todo e escreveu três livros: *Self-identity through ho'oponopono*, "Basic 1", "Basic 2" (ensinado após dois anos de prática) e "Basic 3" (após cinco anos de prática).

Apoiando-se nos antigos rituais havaianos para resolução de problemas outrora utilizados nas vilas, ela desenvolveu a prática de ho'oponopono de maneira não mais coletiva, mas individual. Ela aprofundou a noção de "carma", que constitui uma das noções básicas de seu ensino.

O carma

O termo "carma" comumente designa, nas diversas religiões orientais, o ciclo das causas e consequências ligadas à existência. Ele representa a soma do que o indivíduo fez em suas vidas passadas, na vida atual ou que fará em outras encarnações. Para Morrnah, o carma negativo criado por tudo aquilo que obrigamos os outros a suportar, em outras vidas ou na vida atual, deve ser pago de uma ou outra forma. Por isso, devemos passar por certas situações muitas vezes dolorosas, que nada mais são do que uma simples reação dos atos cometidos anteriormente. Decorre disso o fato de sermos integralmente responsáveis por tudo aquilo que acontece conosco. Esse é um dos principais preceitos do método ho'oponopono – e de todo o universo. Uma vez que nossa realidade é somente a consequência do que provocamos em vidas passadas, um efeito bumerangue se produz. É indispensável integrar e aceitar essa noção para poder aplicar e viver ho'oponopono de maneira eficaz – voltaremos a tocar nesse assunto no decorrer do livro.

Ho'oponopono veio para limpar as memórias ligadas a todos esses acontecimentos negativos passados para transformar nosso presente, tentando apagar as memórias e programações erradas ligadas a nosso carma. Os elos cármicos podem estar relacionados tanto a pessoas como a lugares que guardam uma "memória nas paredes" de tudo o que se passou. Também se relaciona a objetos, como móveis antigos, que pertenceram à família e que também estão carregados de pesadas memórias familiares. Nem tudo, no entanto, está perdido, mesmo para aquele cujo carma é bastante pesado!

O método de Morrnah

O método consiste numa espécie de purificação da consciência que permite encontrar a paz interior e eliminar o carma negativo.

Ao contrário daquele que as famílias havaianas ancestrais praticavam, agrupando-se para perdoar mutuamente os pensamentos errados, o procedimento pode ser praticado por uma única pessoa. Trata-se em nosso caso de reencontrar a si mesmo e a divindade interior de cada um. Morrnah dizia: "A paz começa sempre comigo".

Para Morrnah, o carma e as memórias podem ser limpos graças a um trabalho a partir do interior: essas duas noções essenciais governam todo o trabalho interno e a vontade de viver em total libertação.

O método de Morrnah consiste – a partir do momento em que sentimos mal-estar, medo, estresse etc. – em "olhar" para dentro de si; uma vez que somos portadores de elementos problemáticos, o mal-estar começa com uma de nossas memórias indesejadas.

Morrnah falava do conceito de "luz pura", de "energia" ou ainda de "mana divino", que corresponde à energia divina, ao nível divino com o qual estamos conectados e que também faz parte de nós. É o nível que permite liberar completamente qualquer lembrança dolorosa incrustada em nós; a mente, que tudo quer controlar, é posta de lado para deixar o divino agir e limpar.

Observação

Quando se fala em divindade interior, trata-se de nossa alma. Daquilo que somos na parte mais profunda independentemente de nossas histórias de vida. Nosso espírito interior. Morrnah emprega frequentemente o nome "Deus" para evocar uma realidade que nos ultrapassa. Mas, pode-se usar outros termos como "universo", "espírito", "vida" ou outro que reflita essa ideia e que seja melhor para cada um.

O objetivo é encontrar a paz interior e o equilíbrio entre o divino e as três partes do *eu*: o subconsciente, que corresponde ao corpo emocional, o consciente, corresponde à mente, e ao superconsciente, que corresponde ao corpo espiritual (falaremos desse conceito mais detalhadamente no segundo capítulo desta parte e descobriremos, mais adiante, exercícios relacionados a essa parte do *eu*).

Ciências e espiritualidade

> *"Ou nos matamos, ou nos alimentamos.*
> *Não há meio termo."*
> Ihaleakala Hew Len

Em nossa sociedade, principalmente a ocidental, tenta-se ignorar totalmente tudo o que pode estar ligado, de perto ou de longe, à energia. No entanto, o mundo oriental descobriu, há muito tempo, que a harmonia entre o corpo e o espírito é indispensável, desenvolvendo assim uma medicina ligada à energia dos corpos. Ela é natural, por isso parece tão evidente. Felizmente, também em nossa cultura, os pensadores se abrem progressivamente para essa ideia. Um exemplo entre outros: a acupuntura[2] é compreendida e utilizada no Ocidente. Mesmo assim, as provas científicas são tidas como necessárias, assim como as experiências devem apoiar as evidências só porque não as vemos.

Cada vez mais, a ligação entre a espiritualidade e as ciências tende a se tornar mais significativa, evidenciando uma certa evolução das consciências. Físicos falam de teorias sobre o tempo e a possibilidade da existência de um duplo que poderia gerar nossos problemas. Podemos citar nessa linha de pensamento os trabalhos de Jean-Pierre Garnier Malet[3] e sua Teoria do Desdobramento. Este exemplo, entre outros, indica claramente grandes aberturas surgindo em todos os níveis.

Na experiência do Dr. Ihaleakala Hew Len, citada abaixo, ocorre o mesmo: foram necessários vários anos de demonstração e de aplicação de um método preciso para obter resultados concretos e espetaculares. Sem essa experiência concreta seria bastante difícil hoje em dia acreditar nas possibilidades demonstradas.

---

2 Cf. GRIGORIEFF, G. *L'acupuncture*. Paris: Eyrolles, 2010.
3 Disponível em www.garnier-malet.com

A experiência do Dr. Ihaleakala Hew Len

O Dr. Ihaleakala Hew Len foi formado por Morrnah. Durante quatro anos ele trabalhou em um hospital do Estado americano do Havaí. Nesse local reinava uma grande violência que, por sua vez, gerava difíceis condições de trabalho. O pessoal estava constantemente de licença por motivos de saúde e a rotatividade dos psicólogos trabalhando no local era grande; muitos viviam permanentemente com medo de serem atacados pelos pacientes...

O Dr. Ihaleakala Hew Len não ia ver os pacientes. Em seu consultório, contentava-se em consultar as fichas médicas deles. Apesar disso, o ambiente do hospital transformou-se progressiva e completamente. Da mesma forma que os pacientes, o pessoal encontrou a calma. Os pacientes circulavam mais livremente e o pessoal redescobriu a vontade de trabalhar... Essa transformação ocorreu no espaço de alguns anos.

Qual o segredo da transformação? Como o médico pôde obter tal resultado permanecendo em seu consultório sem ver os pacientes? Como conseguia curar de maneira eficaz?

O método empregado

Ihaleakala Hew Len explica como pôde curar todos os pacientes: curando a parte de si mesmo que criara essa realidade, segundo a Teoria dos Espelhos. Conforme essa teoria, atraímos o que somos e o que temos dentro de nós. O que se apresenta diante de nós (relação, situação, pessoa com quem temos contato ou que frequentamos) representa somente o reflexo do que somos e que carregamos em nós mesmos.

Observação

> O médico nota que praticar ho'oponopono significa antes de tudo amar a si mesmo. Para curar todos os aspectos da vida é preciso curar a parte de si que lhes dá origem!

O Dr. Ihaleakala Hew Len passou todo o tempo diante das fichas dos pacientes, curando a parte de seu ser que havia criado a doença. Pensando em cada paciente e concentrando-se em cada ficha, recitava constantemente as quatro expressões: "sinto muito", "me perdoe", "sou grato", "te amo", enviando assim uma energia de amor destinada a corrigir o problema, o pensamento e/ou a memória errada que vinha, em primeiro lugar, dele mesmo.

Ele defende a tese segundo a qual somos totalmente responsáveis não só pelas ações que cometemos, mas também daquelas cometidas por outros. Para ele, a libertação interior só pode ser atingida pela repetição incessante das palavras: "sinto muito", "me perdoe", "sou grato", "te amo". Voltaremos a falar delas.

Joe Vitale, compreender para crer

Ho'oponopono chegou até nós a partir de Morrnah, principalmente graças a Joe Vitale, que descobriu o Dr. Ihaleakala Hew Len e seus procedimentos no Hospital Psiquiátrico do Havaí. Ele publicou um artigo na internet que, desde então, fez a volta ao mundo. Também relatou em um livro[4] sua história e seu encontro com o famoso médico.

Joe Vitale teve, de imediato, problemas para aceitar o conceito de "responsabilidade total" defendido, antes dele, pelo Dr. Ihaleakala Hew Len e Morrnah Simeona. Sentir-se responsável pelo que vivemos em relação ao que criamos, dizemos ou fazemos, parece coisa simples e aceitável. Mas, como poderíamos ser responsáveis pelo nosso entorno, pelas pessoas de nosso relacionamento e do que elas fazem ou fizeram em suas vidas?

Assim como Joe Vitale, pode haver dificuldades em aceitar que todas as situações nas quais nos encontramos sejam assim por nossa própria culpa. No entanto, quanto mais rápido aceitarmos esse fato, mais rapidamente estaremos prontos para desbloquear, "como se fosse um milagre", as situações difíceis nas quais nos encontramos. Como Joe Vitale, é preciso que façamos a experiência para decidir sobre sua eficácia.

---

[4] VITALE, J. & HEW LEN, I. *Zero limits*: The Secret Hawaiian System for Wealth, Health, Peace and More. Nova York: John Wiley & Sons, 2009.

É sua vez de jogar

Para iniciar a preparação na prática de ho'oponopono é necessário, primeiramente, praticar a meditação descrita abaixo. Isso permitirá tomar consciência de algumas das nossas feridas. Ficará mais fácil, em um segundo momento, aceitar que somos responsáveis.

Meditação preparatória

De manhã, ao acordar, espere um pouco antes de se levantar.
Escolha com muita lucidez um aspecto de si mesmo que não gosta.
Observe bem o problema, que certamente é recorrente em sua vida.
Determine que esse problema não pode dominar sua vida e tente olhá-lo com maior atenção, compreensão e menos agressividade.
Tente descobrir há quanto tempo o problema existe; então, reconforte-se e olhe para ele da maneira como se apresenta neste momento.
Repita o exercício com o mesmo problema enquanto não assumir que ele tenha tido origem em você.
Quando reconhecer a possibilidade (de tê-lo gerado) recomece com o mesmo problema, mas, desta vez, aplicando ho'oponopono (cf. abaixo).

Uma vez que observou melhor, identificou e aceitou seus problemas (ou pelo menos um deles) graças à meditação recomendada, inicie a prática de ho'oponopono!

Ho'oponopono – primeiros passos

Pense em uma situação simples que deseja liberar e, ao mesmo tempo, recite as quatro frases que podemos chamar de "mantras": "sinto muito", "me perdoe", "sou grato", "te amo", concentrando-se no que elas significam em relação a você.

Faça o exercício quando pensar na situação, ao menos 3 vezes ao dia, durante 21 dias, pelo menos 5 minutos a cada vez... deixe agir. Aprecie as mudanças!

Guardar o essencial

- Carregamos dentro de nós as memórias que intimamente influenciam nossa vida e as situações e pessoas que encontramos.

- Morrnah considera que essas memórias estão ligadas a um carma e a outras vidas nas quais cometemos erros.

- Somos, assim, responsáveis por tudo o que acontece conosco, que é o resultado daquilo que dissemos ou fizemos. Somos, por isso mesmo, completamente responsáveis pelo que os outros fazem e pelo que se passa em todo o universo.

- Atraímos o que pensamos e o que temos em nosso interior, em todos os níveis e a cada instante.

- Nossa divindade interior pode limpar e libertar essas memórias.

- Devemos agir com uma energia de aceitação e de amor para uma limpeza profunda.

Capítulo 2

Ho'oponopono
e nossa identidade

No programa
- Constituição da identidade
- Desunião interna
- Harmonia e equilíbrio
- A contribuição de ho'oponopono
- Guardar o essencial

> *"A vida só é suportável quando corpo e alma vivem em perfeita harmonia, quando existe um equilíbrio natural entre eles e quando se estabelece um respeito recíproco."*
> David Herbert Lawrence

Quando estamos dirigindo um carro podemos ir calmamente sem nenhum engarrafamento ou, ao contrário, encontrar um tráfego anormal, perturbador e estressante. Na vida ocorre o mesmo. Podemos decidir viver sem bloqueios e numa constante fluidez ou provocar e aceitar (ou não) bloqueios e dificuldades diversas simplesmente porque pensamos não ter nenhum poder sobre eles. Isso é falso; podemos intervir!

Ao contrário do que normalmente se acredita, quanto mais abandonamos o controle sobre a vida, mais ela se torna fluida. De fato, ao tentar manter o controle sobre tudo o que acontece ficamos em estado de bloqueio. Esse bloqueio é produzido por nossas memórias erradas que impedem, assim, toda mudança.

Observação

> Na obsessão do controle sobre nossas vidas, para assegurar que tudo ocorra da melhor maneira, temos tendência a elaborar estratégias e cenários com o intuito de assegurar que tudo se passe bem. Assim, deixamos de lado algumas potencialidades e possibilidades. Uma vez que vivemos em busca de controle permanente para dirigir cada etapa de nossas vidas, fechamos as portas para o desconhecido que nos está destinado.

Se aceitarmos ver que tudo pode e deve circular para dar movimento e liberdade, seja em nossos diferentes chacras ou em nossos diferentes corpos (emocional, físico, mental e espiritual), então poderemos encontrar um equilíbrio e unidade em tudo o que faz parte de nós. Assim, nos tornaremos capazes de reconhecer nossos traumas, emoções, medos, principalmente aqueles de nossa tão esquecida criança interior e de aceitá-los para mais facilmente libertá-los.

Constituição da identidade

Vamos agora falar mais precisamente dos quatro elementos constitutivos da identidade para a tradição havaiana.

Os três "eus"

O subconsciente, que corresponde ao termo havaiano *unihipili*, "criança", refere-se a todas as memórias estocadas e relacionadas com nossas experiências e emoções passadas. Assim, não se trata somente das nossas memórias adquiridas nesta vida, mas também de todas aquelas acumuladas e, principalmente, recuperadas de nossa família, de nossos ancestrais e de nossas vidas passadas. Se algum membro da família deixou de resolver algum erro, a memória ligada a esse fato pode ser pesada e muito carregada!

O consciente, ou *uhane*, que significa "mãe" em havaiano: corresponde a nosso corpo mental, nossa inteligência, nosso intelecto; ou seja, a esses pensamentos que às vezes fazem um vaivém permanente em nossa cabeça, criando, assim, muitas vezes, um mal-estar crescente. Corresponde à "mente", da qual alguns não conseguem se desvencilhar.

O superconsciente, chamado de *aumakua*, que significa "pai" em havaiano, designa nossa alma ou o eu superior.

A inteligência divina

Por fim, a famosa inteligência divina que todos carregamos e que nos liga ao divino. Ela faz com que sejamos um no meio do Todo e um com o Todo!

Trata-se de nossa essência profunda, aquela que nos guia por meio de nossa inspiração, de nossa intuição. É o formidável instinto que nem sempre ouvimos, quase sempre preferindo nossa mente e nossa razão.

Desunião interna

Esses corpos nem sempre estão em uníssono. Recusamos as emoções, preferimos seguir a mente e, finalmente, deixamos de lado o que sentimos no mais profundo de nós, porque isso nos obrigaria, sobretudo, a sair de nossa "zona de conforto". Pode também acontecer que essas sensações deixem transparecer temores, impedindo-nos de seguir nossa íntima convicção.

Devemos então fazer uma escolha: ficar na "posição de piloto automático", como a maioria das pessoas à nossa volta, não questionar, e assim continuar, ou, de outro modo, decidir que está na hora de descobrir e ganhar a liberdade e o poder para, em seguida, libertar as memórias intoleráveis.

O ideal seria encontrar um equilíbrio entre as partes que nos constituem e estabelecer uma unidade que nos traria a paz e a serenidade necessárias.

Harmonia e equilíbrio

Nosso destino: encontrar a harmonia e o equilíbrio entre todas as partes de nossa identidade. Dominar as emoções, acalmar nossa mente e confiar, não importa o que aconteça: esse é nosso verdadeiro trabalho. Para alcançar esse resultado precisamos cuidar de todas as nossas partes, a fim de que estejam em equilíbrio, tanto individualmente como entre si.

Quatro necessidades básicas

De modo geral, o ser humano age para suprir quatro necessidades básicas: o controle, o reconhecimento ou aprovação, a unidade e a segurança.

Uma dificuldade a que somos confrontados, na maior parte das vezes, é se posicionar entre, por um lado, a recusa (consciente ou inconsciente) das emoções e a aceitação de nossa criança interior, e, por outro lado, a necessidade de seguir as regras ditadas pela realidade.

Também é muito complicado tentar abrir mão do controle do rumo que nossa vida toma em um sentido ou em outro. Ficamos divididos entre as necessidades, as vontades, os medos, as crenças, o sistema que nos envolve e os temores das consequências de nossas escolhas! Então acabamos definindo nossas escolhas pela mente que, frequentemente, é guiada pelas emoções reprimidas e pelas memórias acumuladas.

Para colocar um fim nesse processo interminável precisamos nos reconhecer sem levar em conta a opinião externa e aceitar as partes que nos constituem, incluindo as emoções reprimidas: ódio, medo, ignorância, falta de confiança... A lista pode ser muito longa.

Reatar com a criança interior

A ligação entre a emoção e a mente ou, dito de outra forma, entre a criança e a mãe interiores, é primordial. Reatar com a criança interior é um aspecto importante a ser realizado, pois essa criança quase sempre sofre, prisioneira de tudo que carrega desde o início de sua encarnação. É preciso tranquilizá-la e ajudá-la a se libertar. Ao libertar a criança interior libertamos a nós mesmos.

O processo de ho'oponopono coloca, em seguida, em relação a mãe e o pai (consciente e mente) com nossa alma, pois, em dado momento, a mente deverá decidir parar um processo ou um outro.

O mesmo tipo de situação é encontrado no *feng shui*: uma pessoa convencida que sua casa é negativa, talvez até querendo mal a ela, acaba muitas vezes detestando a casa por causa do que acredita ser negativo. Pensar assim é enganar-se: a casa, somos nós mesmos. Ela está lá somente para que se realizem as experiências que precisamos viver para libertar nossas memórias escondidas. Se detestamos nossa casa, detestamos a nós mesmos. Assim, ficamos muito distantes da energia de amor vista como limpadora das memórias e programas errados que estão no nosso mais profundo interior.

O *rebirth* é o método que nos permite reconectar com a criança interior para ajudá-la a trabalhar as memórias, tranquilizá-la, apaziguá-la e, assim, transformar o adulto que somos a partir de nossa criança interior. Isso necessita de um bom nível de concentração e um lugar tranquilo.

O exercício, extraído do livro *Répétitions*, de Doris Eliana Cohen[5], pode ser realizado diariamente. Ele se desenvolve em sete etapas.

Exercício de *rebirth*

Etapa 1: pare. Ao dizer pare, imagine uma placa de sinalização de parada obrigatória.

Etapa 2: respire. Inspire profundamente pelo nariz, retenha a respiração contando até 4, em seguida expire lentamente pela boca (a expiração deve ser mais longa do que a inspiração). Preste atenção para não cruzar os braços nem as pernas e para manter os músculos da face relaxados.

Etapa 3: reconheça. Confirme que você é o autor de sua história. Na verdade, o fato de a afirmação ser feita por você mesmo ajudará a reconhecer sua história sem formular críticas.

Etapa 4: escolha um número. Deixe o inconsciente revelar um número significativo simbolizando a idade que você tinha no momento em que ocorreu o trauma que criou o problema. Se o número for maior do que 10 continue e liste os acontecimentos ocorridos quando você tinha essa idade, mas, em seguida, repita as etapas de 1 a 3 e deixe o inconsciente encontrar outro número; desta vez, inferior a 10. Essa será a idade da criança que o adulto encontrará e curará na etapa seguinte.

---

5 COHEN, D.E. *Répétitions*. Quebec: Ada, 2009.

Etapa 5: encontre a criança. Na imaginação, crie um lugar mágico na natureza, onde você encontrará seu "eu" criança, manifestará seu amor e lhe oferecerá reconforto.

Etapa 6: separe-se da criança. Tranquilize a criança dizendo que ela está sã e salva, além de ser muito amada. Afaste-se então delicadamente deixando que ela fique na segurança da paisagem mágica.

Etapa 7: volte para o presente como adulto. Pronuncie seu nome, sua idade, o lugar onde você se encontra e o ano, de modo a voltar ao presente. Seu "eu" adulto está novamente consciente, descansado, reanimado e reconstituído.

Não pule nenhuma etapa!

A contribuição de ho'oponopono

Como veremos no próximo capítulo, podemos conscientemente identificar um problema que se apropria de nossa vida, não importa qual seja ele. O fato de reconhecer permitirá justamente tomar consciência – é importante insistir nessa palavra. Por outro lado, sabemos que a origem do problema identificado está certamente ligada a uma ou a várias memórias estocadas em nós.

Então, duas dificuldades poderão surgir: ficarmos muito aflitos em relação à situação e não conseguirmos desapegar ou, de outro modo, não confiarmos suficientemente em nossa essência. Ho'oponopono interfere nesse momento preciso. Ele nos permitirá reconectar com a parte divina que está em nós e que realizará, por fim, todo o trabalho necessário.

As quatro fases do desapego

De fato, nem sempre é fácil abrir mão do controle e permitir que sua parte essencial decida por você sem saber o que vai acontecer. Abandonar a certeza de que controlamos tudo – quando nada está sob nosso controle – permanece o desafio de cada momento.

No entanto, se o processo de ho'oponopono pode ser coroado de sucesso, isso se deve ao fato de que a simples recitação das quatro frases ajuda a alcançar o desapego imediato. Isso abre caminho para a instalação da confiança: "sinto muito", "me perdoe", "sou grato", "te amo". É como um mantra recitado longamente.

Em várias religiões asiáticas o termo mantra designa uma fórmula "condensada", composta de uma ou várias sílabas, que é repetida várias vezes, seguindo um ritmo preciso com um propósito meditativo, espiritual ou religioso. A repetição nos coloca numa espécie de energia positiva. Falaremos sobre isso mais adiante.

O amor, elemento indispensável

A fase do conectar-se novamente com a criança interior deve atrair nossa atenção para o seguinte: o ódio não deve ser usado como pretexto para limpar as memórias problemáticas. É preciso compreender que esse processo existe para ajudar a nos libertar, para que, finalmente, sejamos nós mesmos, e não uma marionete automática que nunca terá vida própria. Assim, é essencial aceitar o processo na alegria e no amor.

A dimensão do amor *e* aquela de criar todas essas transformações na energia do amor são primordiais.

Em qualquer estudo sobre a energia, um lugar ou um ser está situado no centro, entre o céu e o pai, e entre a terra e a mãe. A mãe representa o enraizamento na terra e a possibilidade de criar na matéria, enquanto o céu e o pai nos permitem uma conexão superior, em ligação com toda inspiração divina possível. O importante é unir os dois. Não há realização sem uma ideia precedente, mas uma ideia não concretizada não serve para nada.

Em um ser humano e seus chacras o coração está no centro e permite a ligação entre o alto e o baixo. Aqui também domina uma regra: sem abertura do coração a energia não pode circular.

Por isso o método ho'oponopono fala, com razão, de amor e inclui a expressão "te amo" em suas quatro frases: para que a conexão com o divino se efetue e este possa limpar todas as memórias erradas. Trazendo novamente à lembrança: a limpeza das memórias erradas deve ser feita imperativamente com uma energia de transmutação, de mudança; não com uma energia de ódio ou de ressentimento.

Guardar o essencial

- Nossa identidade está dividida em vários corpos: o mental, o emocional, o espiritual e nossa alma.

- A paz interior só existe a partir do equilíbrio entre esses corpos.

- Precisamos recriar uma ligação com o que faz parte de nós, incluindo o que desejamos rejeitar, como nossos temores ou sofrimentos.

- Conectar novamente com nossa criança interior é essencial para começar uma limpeza das memórias erradas.

- Ho'oponopono permite um trabalho sobre a energia do coração.

Capítulo 3

Princípios básicos do método

No programa
- Trabalhar o desapego
- Nossos pensamentos criam nossa realidade
- Passar à ação
- Trabalhar a partir de si mesmo
- Guardar o essencial

"Existe alguma ciência por meio da qual possamos sair vencedores se pensamos que não somos capazes? É possível alguém ter sucesso se em seu pensamento está escrito o fracasso?"
Orison Swett Marden

Nossos pensamentos são poderosos, mas podemos controlá-los. Ao mantê-los sob controle podemos agir sobre nossa realidade e sobre nosso destino. O maior dilema será manter uma energia positiva a cada instante de nossa vida, afastar o negativo e de transmutá-lo quando surge.

É uma tarefa de grande porte que nos espera.

Nosso sistema e todo nosso ambiente se alimentam dos pensamentos de tudo e de todos. Hoje em dia, infelizmente, eles são mais negativos do que positivos. A obscuridade e a egrégora – isto é, o inconsciente coletivo que nos governa – são às vezes difíceis de atenuar. Basta ligar a televisão para compreender.

Observação

> A egrégora é uma forma de pensamento ou campo energético criada por um grupo de pessoas que tem o mesmo objetivo ou que vive a mesma emoção, como o amor, a agressividade ou o ódio... Os pensamentos, focalizados na mesma direção pelas pessoas, produzem uma energia mental, emocional e espiritual.

Transformar essa situação e dar o melhor a cada um é nosso papel, nossa responsabilidade para conosco e para com aqueles que estão próximos – e isso, a partir de agora.

Para tanto será necessário cada vez mais reconhecer nossos medos, dúvidas, hesitações, eventuais perdas de fé, para sempre nos concentrar nos objetivos e manter uma energia positiva, não importa o que aconteça. É preciso trabalhar a partir do interior, aumentar a força que possuímos e alcançar a nossa essência, única capaz de nos guiar para o melhor.

Abrimos mão do controle! Agora vamos aprender a confiar em nosso futuro e naquilo que decidimos instaurar.

Trabalhar o desapego
Identificar as resistências

Encontrar dificuldades para aceitar o fato de sermos responsáveis por todo o planeta é coisa normal, mas podemos dar apoio a esse trabalho de aceitação da responsabilidade aplicando, em qualquer situação difícil, uma operação de desapego.

Comecemos levantando uma lista de diferentes razões que nos impedem de reconhecer nossa possível responsabilidade; seja ela devida a situações ou a pessoas de nosso entorno. À medida que admitimos a existência dessas resistências vai se tornando mais fácil aceitá-las. A aceitação do que nos perturba será um primeiro passo para o desapego.

Esse processo básico se aplica a tudo. Antes de poder desapegar de alguma coisa é preciso reconhecê-la, seguindo as seguintes etapas:

- a tomada de consciência de sua existência;
- a aceitação de uma resistência ou recusa;
- a decisão de permitir que a coisa vá embora.

Só então, poderemos desapegar.

As várias situações

Conforme o tipo de situação, na verdade fica mais difícil reconhecer que temos responsabilidade sobre alguns graves acontecimentos de nossa vida.

Após uma conferência proferida diante de quase trezentas pessoas, autografando livros, uma senhora se aproximou e me disse: "Compreendo e admito o que você diz... Somos responsáveis pelo que nos acontece. Mas, perdi meu filho. Devo me sentir responsável por isso?" Eu respondi que não importa a dor sentida nas provas que enfrentamos, todos temos um caminho, assim como ela e o filho. No presente caso, em ligação com as escolhas inconscientes feitas. De certa forma, de um ponto de vista humano, não somos diretamente responsáveis, mas somos responsáveis por nossas escolhas de vida e de provas cármicas feitas antes mesmo de tomar a decisão de vir ao mundo.

Cada caminho é certamente diferente, e a natureza das provas que nos atingem varia consideravelmente. Ho'oponopono é muito eficiente nesse tipo de situação e em qualquer mudança importante de nossa vida – morte, mudança de residência, separação, divórcio, casamento, crianças, depressão, doença... –, pois permite que abandonemos a análise e a mente para nos entregar à parte divina que fará todo o trabalho por meio da recitação das quatro frases.

Vejamos agora como desapegar mais facilmente e encontrar um momento de paz.

Meditação para afastar a mente

Deite-se no chão.
Ouça o ritmo de sua respiração.
Sinta o corpo tornar-se cada vez mais pesado, como se fizesse parte do solo.
Quando estiver em sintonia com o chão, ouça todos os pequenos ruídos, sussurros, murmúrios ou qualquer som à sua volta.
Fique atento ao seu corpo e à energia que o circunda; não faça nada além de ouvir na calma e no completo relaxamento.
Permaneça em contato com essa calma interior; ela pode ajudar em momentos de grande estresse, quando não souber mais a que santo recorrer!

Nossos pensamentos criam nossa realidade

Pensar é suficiente?

Encontrar a unidade e o equilíbrio entre todos os nossos corpos, a mente, as emoções, a responsabilidade diante de tudo o que se passa em nossas vidas... Esses são os pontos de partida de interpretação e resposta para explicar e justificar o método ho'oponopono. Mas, o que acontece com os pensamentos em tudo isso? Como contê-los e que papel representam no processo de limpeza?

Quem nunca ouviu a frase "Meu pensamento é criador"? Com frequência essa afirmação não consegue convencer. Nossa reação se assemelha geralmente a: "Tentei testar isso várias vezes, tentei atrair tal coisa para minha vida somente pensando e imaginando, e o que aconteceu foi muito diferente. Então, não acredito muito que meus pensamentos possam ser criativos!"

Concordamos: falar é fácil, difícil é fazer. É importante compreender o verdadeiro processo do pensamento e o modo como ele se manifesta em nossa realidade. De fato, não se trata somente de pensar: é preciso estar atento ao que pensamos.

O pensamento, uma energia

O pensamento é similar a um vasto campo de energia que se propaga em nós, nos outros e no universo inteiro. Pode ser comparado a ondas que circulam à nossa volta, enviando contínuas mensagens para o universo, para nós mesmos e para as outras pessoas. Medo, alegria, ódio... são como grandes nuvens que, logo acima de nós, são alimentadas por nossos pensamentos. Todos esses pensamentos acabam representando nossa realidade, à qual nos habituamos e que finalmente aceitamos.

Anteriormente falamos em unidade e equilíbrio entre todos os corpos. Esse equilíbrio torna-se justamente necessário para escapar das correntes universais e das imensas nuvens que, tomando o controle e o poder, perturbam nossas vontades e os próprios sinais que enviamos para o universo.

Como fugir do estresse, da angústia do futuro causada por problemas ou dificuldades sofridas, de qualquer tipo, no momento em que nos sentimos desorientados? O impacto exterior, trazido pelas pesadas nuvens, terá mais impacto sobre nós do que nossa força interior e nos colocará permanentemente fora de nós mesmos. Sem unidade, sem uma âncora, como resistiremos? É como caminhar na corda bamba, ao invés de caminhar no chão firme e estável. A cada passo corremos o risco de cair. Imaginemos que essas nuvens comportam imensos ímãs que captam os pensamentos similares para se alimentarem cada vez mais. Será mesmo espantoso a Terra estar passando por momentos de violência, de medo, de dúvida, de agressividade?

Conhecer a própria energia

Todos os pensamentos destrutivos emanam de nós. Se meus pensamentos são errados eles geram uma falsa realidade. Se a cada instante tivéssemos pensamentos cheios de amor, de paz, de gratidão, nossa realidade estaria também impregnada desses sentimentos, e esse seria o caso para todos. Esse é o postulado de ho'oponopono.

Compreendemos, a partir deste momento, a necessidade de gerenciar nossos pensamentos para criar uma outra realidade – primeiramente para nós e nossos relacionamentos próximos, em seguida, para todo o planeta –, pois se cada um cumprir essa tarefa, fica fácil imaginar o que sucederá.

Mas gerenciar cada pensamento e eventualmente impedir que ocorra – ou então, antes mesmo que o pensamento surja, decidir pensar em outra coisa – parece impossível, a menos que façamos, um dia inteiro, uma meditação em um *ashram*... mas, isso não é o que acontece com cada um de nós.

Por outro lado, ter consciência da existência dessas ondas que enviamos, assim como de todos os pensamentos bons ou maus que sentimos e que criam nossa realidade, é possível e fundamentalmente necessário. Podemos agir sobre eles. A realidade é o resultado de todos os nossos pensamentos; um preceito básico que deve ser aceito. Tudo o que acontece em nossas vidas, a cada dia, em todos os níveis, é produto de nossos pensamentos.

Dessa forma, se nossos pensamentos são "errados", falsos, negativos, não é possível esperar por uma realidade doce, positiva e conforme os nossos desejos, porque são nossos pensamentos, originários de nossos esquemas interiores, que definem as ondas enviadas para o universo. Esses esquemas interiores são, assim, fonte dos problemas eventuais criados em nossas vidas.

Os anciãos do Havaí compreenderam o poder da transmutação: a partir do momento em que pensam ou pronunciam uma palavra negativa eles corrigem imediatamente pedindo desculpas. Pessoalmente, tenho um truque que ensinei para meus filhos e que partilho com vocês.

Anular um pensamento negativo

Como os havaianos, tenho minha técnica para transmutar imediatamente um pensamento ou uma palavra negativa: repito 3 vezes "eu anulo". Fazendo isso, envio uma mensagem direta para o universo, que anula minha mensagem precedente.
Um exercício muito simples que recomendo. Para mim se tornou um automatismo; por isso, muito positivo!

Passar à ação

Um novo olhar sobre a realidade

Vamos olhar melhor a questão da conduta automática. Como dissemos, é preciso fazer uma escolha entre deixar nossas condutas automáticas e nosso inconsciente decidir sobre tudo, ou tentar retomar a direção para criar uma outra realidade, a nossa!

Muita gente acaba abandonando e aceitando qualquer situação como inelutável e incontrolável. No entanto, é possível decidir agir sobre o contexto e sobre o destino quando libertamos o que deve ser libertado, para, em seguida deixarmos aparecer uma realidade essencial que corresponde perfeitamente a nós.

Para atingir esse ponto é preciso passar do modo automático para o modo manual de condução. Assim, poderemos decidir sobre a energia que queremos enviar para o universo e, em plena consciência e consequentemente, enviar a energia para nós e para os outros.

Renovar seu olhar

Tente, a partir de agora, a cada amanhecer, viver com um novo olhar. Uma situação, uma pessoa... – o que acontece com você, olhe para tudo isso com um novo olhar. Abandone o preconceito, como se fosse a primeira vez que está na Terra... Tudo é novo, nenhuma memória, nenhum carma!

Você pode cometer erros, os outros também. Aceite que a perfeição não existe; aceite o que a vida oferece, simples assim.

A ideia é aplicar esse modo de pensamento o mais frequentemente possível, para que não dependa da vontade.

Combater os pensamentos errados

Tudo ficou claro: o problema se situa no nível da qualidade de nossos pensamentos que têm origem em nossas programações e em nossas memórias. Temos muitas crenças e medos. Como, por exemplo, algum familiar que nos faz acreditar que alguma coisa é impossível, que não somos dignos dela.

Para ir mais longe e tentar tomar consciência de cada caso pessoal propomos um pequeno exercício destinado a avaliar os pensamentos negativos que podem aparecer no cotidiano.

Identificar bloqueios

De manhã até à noite, todos os dias, escreva em um pequeno caderno tudo o que lhe vem ao espírito e que está relacionado com você, com os outros ou com qualquer situação que possa encontrar.
Aqui apresento alguns exemplos para ajudar a delimitar os possíveis sujeitos:
"Não vou conseguir isso."
"Não vai funcionar."
"Não acredito mais."
"Ah, o dia começa mal."
"E esse engarrafamento? Meu Deus, vou chegar atrasado."
"Por que ele consegue e eu não?"
"Estou decepcionado com..."
"Que estúpido."
"Ele não entendeu nada."
"Estou com uma cara péssima nesta manhã."
"Eu queria isso, mas nem sonhando..."
Ao ler esta lista você terá a dimensão de todos os pensamentos negativos que nos atormentam a cada dia!

De maneira incontestável, estamos mergulhados em um clima majoritariamente negativo. As mídias estão permanentemente nos lembrando que vivemos em uma sociedade onde o medo, a violência e a angústia predominam. Somos influenciados por esse contexto.

Quando um pensamento negativo se manifesta é preciso reagir de forma diferente e desenvolver reflexos para desviá-lo e transmutá-lo. De uma vez por todas poderemos aceitar a ideia de sermos responsáveis por qualquer situação que se apresente, até mesmo as negativas como, por exemplo, o encontro com pessoas desagradáveis!

Técnicas para desviar os pensamentos negativos

Exponho aqui algumas técnicas para conseguir desviar os pensamentos negativos no dia a dia. Tente aplicar uma ou várias o mais regularmente possível durante um período de 21 dias, para que sua mente e seus pensamentos sejam reprogramados e também para mergulhar ao máximo em energia positiva.

Anular um pensamento negativo
Quando um pensamento negativo aparece ou quando você pronuncia uma palavra negativa, repita 3 vezes "eu anulo", concentrando-se neste pensamento ou palavra.

Usar o raio de energia
Trata-se de um raio imaginário de energia muito poderoso, com capacidade de transmutar o que é negativo.
Pense nesse raio e peça a ativação do raio violeta sobre você e seus pensamentos quando achar que precisa dele. Visualize-se em uma grande nuvem violeta. Recite a seguinte invocação: "Peço que o raio violeta seja ativado sobre mim, meus pensamentos, minhas

emoções. Peço que toda a negatividade seja transmutada em energia de amor e paz; mesmo que eu não saiba como[6] isso acontecerá. Peço que seja feito agora, que assim seja, obrigado, obrigado, obrigado".
Tente a experiência e deixe agir alguns minutos. Concentre-se sobre o que está sentindo.

Listar os desejos
Envie para o universo uma lista de tudo o que deseja mudar em sua vida e daquilo que simplesmente deseja.
Você pode utilizar a seguinte fórmula: "Universo infinito, cubra [...] com sua cúpula *vermelha* [para uma situação concreta ou financeira, ou uma casa] / com sua cúpula *branca* [para uma pessoa, pode ser você mesmo], peço [descreva precisamente o que quer], mesmo que eu não saiba como isso se fará. Elimine o negativo dos espíritos visíveis ou invisíveis, e que isso seja feito de modo imediato e perfeito conforme o plano divino, obrigado".
Atenção, cada intenção deve ser lida 3 vezes ao dia durante 21 dias, sem interrupções.

A gratidão
Durante 21 dias anote precisamente pelo menos 1 dezena de pontos que você agradece pelo universo ter realizado. Talvez sejam coisas muito simples, aparentemente evidentes, como agradecer pela luz, pela casa, pela saúde.
Esse exercício é essencial para perceber aquilo que você já tem. De fato, frequentemente nos só enxergamos ou retemos o negativo sem apreciar tudo o que temos, ou tudo com o qual já fomos beneficiados no passado. Queremos sempre mais, como insatisfeitos permanentes. É tempo de mudar tudo isso: é preciso reprogramar seu "capital positivo".

Modificar o ponto de vista
Coloque-se, finalmente, as boas questões, quando aparece alguém ou alguma coisa desagradável e que, aparentemente, não tem re-

---
[6] Mais adiante veremos a importância dessa expressão de dúvida na formulação dos pedidos.

lação com você. No fundo, você é responsável, pois só se atrai o que está guardado em si, num certo *instante t*. Porque a parte da situação ou da pessoa que mais perturba, de fato, é a parte de si mesmo que corresponde a uma memória interior que ainda deve ser libertada... Coloque-se as seguintes questões:
• Por que estou contrariado?
• O que me desagrada?
• Por que isso me deixa enraivecido?
• O que me perturba tanto?

Sair do círculo vicioso das memórias erradas

Um pequeno elemento, uma entonação, uma cor, um odor, uma melodia... Qualquer coisa pode despertar toneladas de negatividade, de raiva, de decepção... simplesmente por despertar a memória de um acontecimento passado, de uma emoção ou de um trauma não digeridos. Esses elementos indicadores são, assim, muito preciosos. Não devemos ignorá-los nem refutá-los, pois continuaríamos a carregar por muito tempo essas memórias que nos atrapalham, erradas e dolorosas, ativando perpetuamente uma falsa realidade que não corresponde de modo algum ao que somos. As memórias falsas continuariam a alimentar o sistema no qual nos encontramos – com tudo o que nos desgosta.

Esse sistema é contrário à verdade e, no entanto, nós o ativamos constantemente e também o mantemos porque nosso ego nos faz desviar do que realmente somos. Por isso é tão difícil reconhecer nossa responsabilidade, pois isso significaria nos colocar em dúvida, e é sempre complicado admitir que estamos errados. Finalmente, encontramos a necessidade de aprovação e reconhecimento, ou ainda a necessidade de controle. Por que devemos sempre ter razão, e não reconhecer que estamos errados?

É preciso aceitar se desapegar do ego, ele que nos impõe sermos perfeitos, excepcionais, sempre os melhores. O ego não é o mais importante, embora muitas vezes esqueçamos de nós próprios, pois desdenhamos o que somos. Dessa forma, somos forçados a aceitar a "validação" de nossa existência pelos outros, a esperar o reconhecimento deles. Isso torna praticamente vital o fato de "sempre ter razão" e "ser o melhor". Esse círculo vicioso não leva a lugar algum, ele nos carrega para longe de nós mesmos e da possibilidade de nos tornar novamente seres livres, sem memórias erradas. A convicção de que o bem-estar (uma realidade agradável, satisfatória, positiva e que tem a ver conosco) vem do exterior constitui a maior ideia errada de todos os tempos, pois a maioria das pessoas acredita nisso.

Consequentemente, é necessário trabalhar a partir de nosso interior, não importa o que aconteça.

Trabalhar a partir de si mesmo
Mudar a si mesmo em vez de mudar os outros

Vamos partir de uma constatação para compreender essa realidade: é rigorosamente impossível tentar mudar alguém ou alguma coisa pela simples força ou pela vontade. Para conseguir algum resultado é preciso agir!

Não temos poder algum para mudar nosso mundo com um simples e hipotético passe de mágica.

Como já dissemos, vivemos em gigantescas matrizes de energia, todas ligadas entre si, e somos somente um pequeno ponto no interior dessas matrizes. A única possibilidade de provocar mudanças à nossa volta consiste em mudar esse ponto para obrigar os outros pontos a se moverem também.

Ho'oponopono coincide exatamente com esse sistema. Podemos operar milagres e mudanças notáveis, mas o trabalho deve ser feito a partir de nós. É muito lógico: já que a realidade é criada por nós, por nossos pensamentos, esquemas e crenças, é impossível mudar o que está em nosso entorno sem transformar esses mesmos pensamentos, esquemas e crenças!

Vimos como tentar intervir em nossos pensamentos; vamos esclarecer agora alguns elementos essenciais para melhor compreender o processo.

O espelho

Imagine-se diante de um grande espelho que representa a realidade.

Etapa 1. A primeira coisa a fazer é não olhar mais para esse espelho, para que você não se deixe influenciar. Por quê? Nesse nível, o espelho envia uma "falsa" realidade originária de pensamentos errados. Se continuar a olhar para o espelho você estará incentivando um elo com uma realidade contrária à verdade. Dessa forma, corre grande risco de sofrer decepção, estresse, inquietude ou outro sentimento desagradável – justamente por causa da manutenção de pensamentos negativos. Ao parar de olhar para o espelho, você aceita desligar o "piloto automático" para criar uma nova realidade no comando de sua vida e esperar que uma outra imagem se forme, uma imagem positiva.

Etapa 2. Decida-se sobre o que deseja, com a firme intenção de transformar sua vida e sua realidade, principalmente tomando as rédeas em situações essenciais para você. Comprometa-se resolutamente a tentar, por diferentes meios como ho'oponopono, dissolver qualquer mau pensamento, memória ou crença familiar.

Etapa 3. A dúvida pode assombrar você, pois seus pedidos não são respondidos imediatamente. Pior, as situações ou personagens desagradáveis aparecem novamente em sua vida. Não perca a coragem! Saiba que o universo está sempre à escuta, mas o tabuleiro de xadrez ou o quebra-cabeças da vida é imenso; talvez alguns acontecimentos ainda devam ocorrer, talvez o universo precise de tempo para concretizar seu pedido e seu pensamento.

Aprender a ter paciência

É preciso aprender a ter paciência. A imagem deformada, mostrada pelo espelho, se desfez; no entanto, algum tempo é necessário para que uma outra se desenhe. Assim, é preciso confiar, encontrar e guardar a confiança em si mesmo e, finalmente, aceitar o que se apresenta a você. Ho'oponopono é um método a ser utilizado todos os dias, em qualquer momento que sentirmos necessidade. Ele permite levantar dúvidas e manter a fé na energia positiva.

Ninguém tem o controle do contexto nem da decisão sobre "como as coisas devem acontecer". Ninguém pode saber, no instante presente, se uma situação incômoda é realmente negativa – a expressão "há males que vêm para o bem" pode parecer um pouco indevida, mas pode ser verdadeira a longo prazo. Cada um de nós já passou por essas situações. Uma pequena história para exemplificar.

O lavrador e seu cavalo

Um lavrador, para satisfazer um desejo, comprou um magnífico cavalo. Todos o acharam muito bonito, mas perguntavam: "Por que comprar esse cavalo? Era necessário?" O filho do lavrador montou e caiu, quebrando a perna. Então todos disseram ao lavrador: "Está vendo, esse cavalo não foi uma ideia tão boa assim..." Em seguida, a guerra foi declarada, e todos os jovens da cidade deveriam partir. Para a felicidade do lavrador, seu filho estava com a perna engessada, e não foi mobilizado. Ele ficou em casa enquanto muitos filhos de outros lavradores morriam na guerra.

Uma possível moral nessa história nos diz que cair do cavalo foi uma coisa muito boa, tanto para o filho como para o próprio lavrador, que não o perdeu na guerra.

Quando algum acontecimento parece negativo num primeiro momento devemos ser cautelosos e não tirar conclusões tão rapidamente. As coisas têm uma razão de ser. Trata-se de adotar um pouco de distanciamento para observar melhor os prós e os contras de cada situação.

Quando estamos no comando alimentamos nossa energia com pensamentos positivos, com amor e gratidão. Por que perder a confiança diante de nosso destino e de nosso futuro, se somos o administrador?

Continuamos a repetir: o essencial é ter paciência. O método ho'oponopono pode favorecer, com certa facilidade, esse distanciamento, permitindo ao mesmo tempo limpar os pensamentos e as memórias negativas e atrair uma nova realidade: a nossa própria.

Guardar o essencial

• Nossos pensamentos criam nossa realidade. Assim, é primordial gerenciá-los ao máximo.

• É preciso manter uma energia positiva na vida, em todos os níveis.

• A gratidão é um princípio essencial a ser aplicado regularmente.

• Convém se interrogar sobre a fonte de tudo o que acontece de desagradável, mas sem culpar os outros: somos os responsáveis.

• Qualquer mudança só pode ser produzida a partir de si mesmo.

Parte 2

Porque isso funciona

"É mais fácil desintegrar um átomo do que um preconceito."
Albert Einstein

Tendo explorado a origem do método ho'oponopono e seus princípios, vamos agora entrar no âmago do sujeito para explicar como esse método funciona tão bem.

Vivemos em um mundo feito de energias que governam tudo. Por isso, é tempo de mudar as visões do sistema para avançar e evoluir.

Evidentemente, não é fácil, pois isso supõe deixar de lado o funcionamento conhecido até agora. No entanto, nosso desafio se encontra em desaprender o funcionamento e adotar um outro. Vamos decodificar aqui, uma após outra, as leis invisíveis que devemos conhecer e aceitar, e que possibilitam o sucesso de ho'oponopono.

Finalmente, voltaremos a falar da necessidade de aceitar que somos integralmente responsáveis sobre tudo, e procuraremos a possibilidade de agir sobre nossas memórias.

Capítulo 4

UM MUNDO DE ENERGIAS

No programa
- Compreender nosso sistema de vida
- Mudar nossa visão de mundo
- Aumentar a percepção
- Guardar o essencial

> *"A lógica pode levar de um ponto A até um ponto B. A imaginação e a audácia podem levar a qualquer lugar."*
> Albert Einstein

Como decidir mudar alguma coisa em um sistema que não conhecemos? Aprender a nos abrirmos ao que está à nossa volta, mesmo que essas informações tenham o sentido inverso daquilo que aprendemos até agora. Ao contrário do que pensamos, a ligação entre a ciência e a "espiritualidade" é bem estreita e fica mais reduzida a cada dia. Vamos aproveitar para descobrir tudo o que ainda não sabemos; vamos nos exercitar e sentir!

Moramos no Planeta Terra e devemos saber como ela funciona; também devemos nos adaptar e ir no sentido do movimento de todo o universo.

Compreender nosso sistema de vida
Uma realidade que não é só material

Para mudar nossa visão de mundo é preciso primeiramente compreender, integrar e aceitar o sistema no qual vivemos.

Muitas pessoas pensam que só existe uma realidade concreta, feita de matéria. Como São Tomé, só acreditam naquilo que podem ver e tocar. Para elas, o resto seria pura invenção.

Esse ponto de vista é perfeitamente lógico e coerente. Essas pessoas pensam que somente a intervenção sobre a matéria, sobre as situações ou sobre as pessoas lhes permitiria mudar alguma coisa em sua vida. No entanto, não podemos deixar de perguntar sobre as consequências de tal situação. Para isso, temos necessidade de refletir sobre nossas possibilidades em todos os níveis, que permanecem, em todo caso, bem limitadas.

Os diferentes corpos que nos compõem, dos quais falamos anteriormente, ficam resumidos ao corpo físico, ao corpo mental e ao corpo emocional? Se fosse esse o caso, como ho'oponopono poderia funcionar, uma vez que essa técnica recorre ao corpo espiritual e à parte divina que há em nós? De fato, a parte divina opera a limpeza dos pensamentos e dos programas errados.

Não queremos perturbar as ideias já adquiridas de vários leitores, mas parece ser tempo de abrir as janelas de maneira muito mais ampla para aceitar e reconhecer que a realidade é outra. Nossa realidade não se opera somente no concreto; mas, antes, no nível energético.

Uma questão de energias

As três dimensões, tal qual conhecemos em nosso cotidiano, parecem ser somente algumas possíveis entre muitas outras com frequências de vibração baixas. Várias outras dimensões paralelas existem com frequências e em níveis de vibração diferentes, e nós poderíamos ter acesso a elas. Vamos fazer uma comparação com um aparelho de rádio que possui várias frequências: se não estiver na frequência correta é impossível captar determinado som ou informação.

Quando deseja modificar algum acontecimento ou influenciar uma pessoa você consegue obter um resultado perfeito, com efeito imediato, pela simples força de sua vontade? Acho que não: nenhuma mudança pode ser feita no plano material pela força e pela vontade, pois não temos poder algum sobre esse nível. Tudo tem origem no nível energético. Nós nos organizamos no interior de imensas matrizes religadas entre si; assim, somente obteremos resultado agindo no nível energético, na fonte. Reconhecer e aceitar esse modo de funcionamento permite encontrar as melhores opções para agir.

A existência de corpos energéticos foi posta em evidência pelo pesquisador russo Semyon Kirlian. Em 1939, ele descobriu acidentalmente que um objeto colocado sobre uma placa fotográfica submetida a um forte campo elétrico fazia surgir uma imagem, como um halo colorido. Supôs-se então que a imagem assim manifestada seria a expressão física da aura ou "força vital" que envolve todos os seres vivos. Isso, no entanto, não ficou realmente provado.

Várias obras abordam os centros de energia que existem em nós: os chacras[7]. Em sânscrito, a palavra chacra significa "roda" ou "disco". Tradicionalmente, assim eram nomeados os objetos que tinham essa forma, principalmente o Sol. Hoje em dia ele é frequentemente utilizado para designar os "centros espirituais", "centros de energia" ou "pontos de junção de canais de energia" que a tradição do yoga situa no corpo humano. O estudo dos chacras mostra que a causa de nosso mal-estar pode ser física, mas também energética. Desse modo, seríamos um corpo físico com cinco sentidos, mas de fato bem mais do que isso!

Ho'oponopono, finalmente, apoia-se na lei da atração que estaria no início de tudo. Em física quântica, os cientistas descobriram que as menores partículas de ma-

---
[7] Cf. VERBOIS, S. *Les chakras*. Paris: Eyrolles, 2013.

téria parecem desafiar todas as leis que governam nosso mundo. Eles observaram que as partículas subatômicas (muito, muito pequenas) se comportavam de maneira diferente quando eram observadas. O simples fato de serem observadas transformava seus comportamentos. Isso mostra que todas as coisas que parecem imutáveis podem sofrer variações, dependendo de certas vibrações internas. Os físicos quânticos também descobriram que tudo o que faz parte deste universo é, de fato, energia. No mais profundo de nosso ser, somos pura energia vibrante. A lei da atração afirma que atraímos para nossas vidas tudo aquilo no qual fixamos os pensamentos. As frequências ou vibrações que geramos atraem, dessa forma, todas as frequências de mesma natureza.

Como atrair o que tem relação conosco, ou pela libertação ou pela manutenção das memórias erradas, que são uma das bases desse método? Graças à lei da atração, pois tudo é governado pela energia, tudo está interligado, e também porque atraímos o que somos no instante presente e aquilo que carregamos, quer queiramos ou não.

Um exemplo: as experiências de Masaru Emoto

De que maneira um método baseado unicamente sobre a palavra pode ser eficaz? Como *tudo* pode ser compreendido como energia e *tudo* tem uma frequência de vibração, até uma simples palavra pode, em princípio, emanar uma frequência de vibração, boa ou má. A teoria parece plausível. Vamos nos deter em uma experiência sobre a água que demonstra a possibilidade dessa transferência de energia, citando o exemplo do japonês Masaru Emoto[8] sobre os impactos da emoção sobre a água.

Ele descobriu, de maneira fortuita, que a água possui uma memória que reage às palavras e à consciência das pessoas. Conforme atribuímos à água uma palavra como "amor" ou "obrigado", palavras positivas, ou então uma palavra negativa, os cristais formados pela água em reação são radicalmente diferentes. Masaru Emoto foi um pouco além ao tentar curar pessoas com a água que chamou de *hado*, que era programada de acordo com a sua vontade. Partindo do princípio que somos constituídos de 80% de água, a água *hado* poderia, então, curar o ser humano.

Experiência extraordinária! Quando a descobri, comecei a olhar minhas plantas de maneira diferente... Que poder está escondido nessas palavras! Se repetimos em pensamento para uma planta que não se apresenta muito bem que ela é feia e vai mal, como esperar que ela fique saudável? Seu aspecto provavelmente vai piorar.

Que efeitos esses qualificativos podem ter nas pessoas, na família ou nos amigos? Dizemos tantas coisas, a torto e a direito, sem pensar nem um minuto sequer no impacto desses pensamentos e dessas palavras sobre as situações ou pessoas com quem nos relacionamos! Tudo isso merece reflexão.

---

[8] Masaru Emoto publicou vários trabalhos sobre esse tema pela Éditions Trédaniel.

> **Aumente a eficácia terapêutica da água!**
>
> Pegue uma garrafa e cole sobre ela uma etiqueta na qual você escreverá o que deseja obter em sua vida. Concentre-se nela e repita em voz alta o que escreveu, 3 vezes por dia (manhã, tarde e noite), durante pelo menos 3 dias. Ao final dos 3 dias beba a água da garrafa. Comece novamente... o exercício é ilimitado!

Mudar nossa visão de mundo

Neste ponto examinaremos como podemos colocar de lado crenças arraigadas, ligadas ao sistema social no qual vivemos e que, de início, parece como o único disponível. Vamos deixar nossa zona de conforto e imaginar novas possibilidades.

Uma nova configuração

A tradição havaiana parte do princípio de que somos os atores de nossas vidas e que podemos agir do interior graças ao nosso próprio poder. Poder esse que frequentemente não reconhecemos e aceitamos. É a famosa passagem da situação de "piloto automático" para aquela em que pegamos o volante para pilotar, pois temos os meios; e isso, em todos os níveis.

Uma vez nessa nova configuração, poderemos agir a partir de nós mesmos e decidir o que desejamos para, finalmente, criar uma nova realidade. Nessa situação, mudar a visão de mundo se torna o mais importante e o mais evidente.

Desligar-se das falsas realidades

Vamos voltar ao tema do espelho, aquele que contemplamos regularmente e que corresponde à nossa realidade; a realidade em que vivemos ou, pelo menos, aquela em que aceitamos viver. Infelizmente, esse espelho mostra contornos pouco precisos e retorcidos, pois está cheio de falsas crenças ou programações familiares que carregamos e que são difíceis, ou até mesmo impossíveis, de desapegar.

Observação

Carregamos programas familiares que podem ser transmitidos de uma geração para outra. Fala-se, nesse caso, de memória transgeracional. Ela não está livre e constitui uma parte dos programas habitualmente inconscientes.

Acabamos aceitando que essa falsa realidade era nossa, sem ainda ter adquirido o direito de existir, de reivindicar nosso poder e nosso lugar, sem estar livres das imposições de qualquer natureza. Por isso, fazemos uma unidade com o espelho, sendo impossível dele se libertar, a ponto de esquecer sua existência.

Daqui em diante, a primeira coisa a fazer é aceitar a nova visão de mundo. Todo aquele que se interessa um pouco pelas descobertas e publicações científicas sabe que a matéria também é uma forma de energia; porém, mais densa (a frequência de vibração é mais carregada). O universo inteiro se constitui de átomos, ondas, partículas que circulam continuamente, e tudo possui uma energia, não importa o que seja: a cadeira do escritório, as plantas, nosso corpo... De alguma maneira, tudo o que possui uma frequência de vibração e uma composição de átomos, partículas e ondas é capaz de gerar ondas... e, assim, interage.

A bem da verdade, vivemos envolvidos por imensas "teias de aranha virtuais" que se interpenetram. Viver sem considerar esse sistema não parece razoável.

Por isso, no Havaí, na China, no Japão e em muitos outros lugares que consideram a energia um elemento constitutivo do corpo humano, o tratamento das doenças é diferente (acupuntura, medicina chinesa). Essas práticas provam que a matéria não é inerte e isolada no mundo.

Encontrar o próprio poder

É indispensável sabermos que a única maneira de nos tornarmos mestres de nosso próprio poder consiste em nos distanciarmos desse famoso espelho que corresponde à falsa realidade da qual não queremos nos separar. Ao nos imaginarmos fora do espelho poderemos decidir com independência o que queremos e o que não queremos.

Se não sentirmos essa independência em relação a nós mesmos é impossível enviar mensagens claras para o universo. De fato, diante de um eventual vazio interior – que existe unicamente porque o que faz parte de nós (tudo o que recusamos aceitar em todos os níveis) se encontra no exterior – nos agarramos desesperadamente ao que conhecemos: estamos com o espelho e somos incapazes de deixá-lo.

Com o uso de ho'oponopono vamos conseguir deixar o espelho, pois todo nosso ser, finalmente despertado, tomará as rédeas de nossa vida.

No entanto, é preciso ter paciência. Para que uma nova imagem possa surgir no espelho a imagem inadequada deve desaparecer. Só depois disso a nova imagem poderá ser construída. Contudo, como a imagem de um grande quebra-cabeça que não se completa de uma só vez, várias transições ligadas à abertura de nossa consciência serão provavelmente necessárias durante o caminho do desenvolvimento pessoal.

Exercitar-se com os quatro mantras ou frases do método ho'oponopono durante o caminho do desenvolvimento interior sem dúvida ajudará a continuar, mesmo que situações negativas surjam de maneira repetida ou se o objeto desejado, por exemplo, não tenha ainda se manifestado.

Em todo caso, é primordial deixar o espelho de lado durante essas transições para evitar o bloqueio do sistema energético: não se deve deixar levar pela impaciência nem pelas emoções difíceis de administrar. Recitar ho'oponopono nesses períodos favorece a energia positiva interior.

Aumentar a percepção

Nossa percepção pode aumentar se conseguirmos abrir nossos sentimentos e abandonar todas as ideias preconceituosas "sobre essa matéria"... nos dois sentidos da palavra!

Como dissemos, evoluímos em um universo de energias no qual tudo está "interligado". Quando estamos bloqueados evoluímos com dificuldades por causa de inúmeras amarras, ao invés de termos um movimento livre, sem amarras.

Essa representação de amarras e travas, fácil de compreender, aproxima-se da realidade. Mover-se como um balão flutuante que circula com extraordinária desenvoltura, que nada pode parar, esse é o papel de ho'oponopono. Fazemos parte do Todo, mas mantemos nossa individualidade. Para ter sucesso nessa empreitada é premente desapegar da matéria, de pessoas, de situações... Que tipo de bloqueio podemos então encontrar? Nenhum! Quando uma intuição ou ideias surgem elas são enviadas, como ondas, pelo universo que nos rodeia! A magia se inicia. Nesse instante podemos criar uma nova realidade total, sentida e imaginada bem longe de aspirações unicamente relacionadas à matéria.

Os exercícios seguintes nos encorajarão a encontrar o ponto de equilíbrio e a sair do espelho.

Sentir nossos corpos

Exercício 1. Imagine todos os seus corpos energéticos em seu entorno, como um enorme balão que se enche.
Sinta o contexto que tenta puxar o balão para si... Nesse instante, talvez você experimente a sensação de certa elasticidade desses corpos.
Exercício 2. Coloque as mãos de cada lado de seu corpo, na altura da cintura, mas mantendo-as a certa distância, para sentir os corpos energéticos; em todo caso, o primeiro corpo energético que envolve o corpo físico.
Tente encontrar essa linha com as mãos; isso pode provocar uma sensação de calor ou de formigamento.
Exercício 3. Sentado confortavelmente, sinta a energia branca, como uma luz, entrar por cima de sua cabeça e descer progressivamente, preenchendo cada parte do corpo: cabeça, busto, braços, pernas, até os pés.
Peça que essa luz limpe todas as tensões, pensamentos, emoções, todas as células de seu corpo...
Deixe-a agir por pelo menos cinco minutos e tente sentir o novo estado em que essa pequena meditação o imergiu!

Guardar o essencial

- Nosso universo é todo feito de energia.

- Reconhecer esse fato contribui para a transformação positiva de nossa vida: nossa visão de mundo deve mudar para poder, em seguida, provocar mudanças.

- É necessário se exercitar; um verdadeiro trabalho de estimular o sentimento da energia e do meio que nos envolvem!

Capítulo 5

As leis invisíveis em ação

No programa
- A lei da manifestação
- A lei da aceitação
- A lei da gratidão
- Perdoar
- Guardar o essencial

"A gratidão desperta a plenitude da vida. Ela transforma as coisas das quais estamos cansados e vai mais longe. Ela transforma a negação em aceitação, o caos em ordem, a confusão em lucidez. Ela pode transformar uma refeição em um banquete, uma casa em um lar, um estranho em um amigo. A gratidão explica o passado, traz a paz para o presente e cria uma imagem para o futuro."
Provérbio holandês

O sistema energético no qual vivemos e o universo inteiro são regidos por leis. Ho'oponopono tira sua eficácia na utilização dessas leis. É como caminhar com o vento a favor ou contra o vento. Ou aceitamos caminhar com o sistema ou nos chocamos contra ele. Quando recusamos o sistema podemos somente sofrer decepção em cima de decepção ou avançar, a 500km/h, contra um muro de tijolos.

Só depende de nós sermos receptivos ao que nos torna capazes de agir, com toda naturalidade, no sistema e no contexto que são os nossos.

Dessa forma nos tornamos investigadores de várias mudanças incríveis em todos os níveis. Vamos então agir com ho'oponopono para transformar calmamente o que deve ser mudado.

A lei da manifestação

Abordamos agora um dos pilares do método ho'oponopono: a lei da manifestação fundada sobre um sistema mais geral que engloba e rege todo o universo.

Pensamento e poder do pensamento, criação e aceitação de uma nova realidade, atrair o que tem relação conosco, o que carregamos ou o que desejamos, desapegar, confiar, ter paciência... A lei da manifestação que governa ho'oponopono é tudo isso ao mesmo tempo! Lançamos um pensamento e/ou uma memória que é manifestada por meio da lei da atração; a lei da atração atrai, a lei da manifestação revela o que foi atraído.

Mesmo que ho'oponopono pareça complicado, ele é muito simples. Existem noções indispensáveis que devem ser conhecidas e aplicadas para que a liberdade das ações seja encontrada, pois o sistema no qual vivemos funciona a partir dessas noções.

A transmutação dos pensamentos

Nosso pensamento é muito forte e pode manifestar tudo o que deseja. O problema é como controlar e a possibilidade de manifestar aquilo que almejamos. Nesse ponto, a lei da atração intercede.

Já falamos sobre a energia e a frequência de vibração. Somos portadores de um tipo de energia que, querendo ou não, atrai situações e pessoas que vibram na mesma frequência. Assim, é impossível atrair situações ou pessoas vibrando em frequência diferente. Se esperamos, apesar disso, conseguir atrair pessoas e situações vibrando em frequência diferente da nossa, o resultado pode se mostrar decepcionante. Nesse caso, podemos reclamar que a lei da atração não funciona de forma alguma.

Se ao despertar nos levantamos com raiva, nervosos, estressados pelo dia que nos espera, o que vai acontecer? Só pelo fato de nos levantarmos assim, sem formular nenhuma intenção precisa, já determinamos inconscientemente que o dia vai ser estressante e provavelmente trará acontecimentos negativos que somente agravarão as coisas.

No entanto, existe outra possibilidade: tentarmos transmutar a origem das intenções; ou seja, nos acomodarmos ao objeto de nossos desejos. De fato, isso nem sempre é evidente, mas dificuldade não significa impossibilidade.

O primeiro trabalho consiste em considerar e aceitar que somos completamente responsáveis pelo que atraímos para a nossa vida. Conscientemente, devemos escolher as palavras que vamos utilizar durante o dia. Essas palavras, por meio de energia, serão manifestadas e, dessa forma, influenciarão o que inconscientemente está em nós.

Aceita essa premissa, o trabalho de transmutação dos pensamentos pode começar. Nós adiantamos anteriormente alguns pequenos truques: "eu anulo" o que acabo de pensar ou dizer, repetindo 3 vezes; a chama violeta a ser utilizada sobre si mesmo; mudar as intenções negativas em positivas, não importa o que aconteça.

Da mesma forma, se queremos alguma coisa quando o inconsciente nos diz o inverso, então o universo nos enviará o inverso – que se encontra dentro de nós – mesmo quando ainda não identificamos do que se trata!

Consequentemente, como proceder diante dessa confusão de pensamentos conscientes e inconscientes, positivos e negativos?

Reformular as intenções

A questão é estar vigilante sobre o consciente, limpar o inconsciente e formular suas intenções corretamente.

Ho'oponopono pode facilitar a limpeza de nosso inconsciente e até mesmo de nossos pensamentos negativos que porventura surjam. Pessoalmente, eu o utilizo antes que os problemas aconteçam!

O consciente e o inconsciente

Admitindo que somos energia, nossa intenção deve comportar dois polos, como numa bateria; ela só pode funcionar com polo positivo e polo negativo.

Para formularmos uma intenção convém levarmos em conta esses dois polos: a vontade consciente e a dúvida ou qualquer outra emoção incapacitante presente inconscientemente. Para tornar uma intenção válida devemos acrescentar às intenções o polo negativo de nossas inquietações e tudo o que passar por nosso inconsciente; assim, fazemos vibrar ao mesmo tempo uma parte positiva e uma parte negativa das intenções. Trata-se então de gerenciarmos e formularmos nossa intenção, juntando a ela o "mesmo que eu não acredite", "mesmo que eu não saiba como"... A intenção terá sua potência aumentada!

Sentir e visualizar

O caminho do pensamento e o poder da intenção residem no estado emocional no qual nos encontramos em um dado momento. É preciso, então, exercitarmos o nível da frequência de vibração e a energia.

Se pedimos por alegria mas mantemos um estado de espírito cheio de tristeza, é provável que isso não funcione. Devemos imaginar e ter consciência do estado no qual nos encontraríamos se o resultado dessa intenção se manifestasse. Assim, é muito diferente de somente pronunciar uma frase banal; trata-se de sentir e visualizar o resultado desejado. Desse modo, temos a chance de realizar nossos pensamentos.

Nunca é demais mostrar a necessidade do treinamento da visualização ou das intenções que fazemos nos períodos mais favoráveis: de manhã, ao levantar, ou à noite, quando nos deitamos. De fato, de manhã, a energia desperta, ela é nova. Damo-nos a possibilidade de sermos positivos para enfrentar o dia. À noite, isso nos permite adormecer com imagens e intenções positivas que vão alimentar e transformar nosso inconsciente durante a noite, não importando se o dia foi bom ou não.

Nosso cérebro precisa de pelo menos três tentativas para registrar determinada mensagem. Ela sempre deverá ser o mais clara possível, para que o cérebro a reconheça.

Para determinadas pessoas a visualização será mais difícil, pois cada um de nós possui um sistema de percepção diferente: visual, auditivo ou cinestésico (ou seja, na sensação corporal profunda, muitas vezes inconsciente, também chamada "propriocepção", ou consciência da posição dos membros e do corpo no espaço).

Encontrar seu modo de percepção

Dê um tempo para se sentar e se posicionar, para imaginar claramente o que deseja, e observe em si mesmo qual desses métodos de percepção funciona melhor para você.
Pratique a meditação por alguns minutos, imaginando que se dirige a um lugar, muito agradável, que escolheu e conhece. Sinta, então, o prazer de estar ali. Deixe-se tomar pela energia que nasceria se a imagem fosse real, se a realidade correspondesse a essa situação...
Você sente isso em seu corpo? Vê uma imagem precisa ou ouve uma mensagem especial?
Caso sinta, você é mais cinestésico; se consegue visualizar, é mais visual; se ouve, é mais auditivo.

A partir do momento em que o modo de percepção está identificado, é preferível formular corretamente uma única intenção do que fazer uma dezena delas sem respeitar as regras de uso.

Cuidar da intenção

Depois de haver formulado corretamente a intenção, devemos cultivá-la, pensando nela regularmente, projetando imagens do que vemos. Isso é imprescindível. Quando alimentamos todos os dias – frequentemente – um pensamento ou uma vontade verdadeiramente forte, isso se torna realidade. Por quê? Porque temos uma íntima convicção; é como se tudo já tivesse acontecido.

Uma manifestação do essencial

Finalmente, a lei da manifestação que monopoliza nossas vidas representa sempre o que é essencial para nós. Com muita frequência nossos desejos e nossas expectativas não são essenciais; no entanto, correspondem muito mais às necessidades relacionadas a nosso ego, à necessidade de reconhecimento, de segurança ou de controle.

Ho'oponopono pode ajudar a descobrir o essencial. Graças a esse método podemos pedir com toda naturalidade que o universo nos envie o que é essencial, limpando nosso inconsciente para que não surjam mais situações ou pessoas desagradáveis.

Por fim, mesmo sendo importante visualizar o resultado, é necessário, ao mesmo tempo, e mesmo parecendo contraditório, aplicar o desapegar desse resultado, não permitindo que ele se torne uma obsessão. Ao confiarmos em nossa parte divina e no universo, como preconiza ho'oponopono, não temos nada a temer; assim, podemos decidir nos desapegarmos do que ainda está por vir.

Tudo deve acontecer no momento justo e oportuno; por isso, a lei da aceitação é tão importante nesse processo.

A lei da aceitação
A vida não é um "sonho"

Um estado indispensável a ser atingido consiste na aceitação do que se apresenta a nós. Isso frequentemente é possível quando desejamos atingir a felicidade interior agora mesmo. Mas, como aceitar tudo o que é?

Por um lado, falamos da lei da manifestação e da possibilidade de criarmos nossa própria realidade e de mudarmos nossos pensamentos. Por outro lado, devemos desapegar do que possa ocorrer, do resultado... e também de fazermos um pedido do que é essencial para nós, mesmo se não tenhamos consciência dele.

Todos tivemos sonhos e esperanças com os quais crescemos. No final, o que aconteceu? Realizamos nossos sonhos, temos a vida que tínhamos imaginado? Talvez... Todos os dias, algumas situações podem nos trazer perturbações e aborrecimentos. Pior ainda, podemos atravessar períodos de grande sofrimento e de grande dificuldade no plano emocional, financeiro ou profissional.

A vida, da maneira como a vivemos, nem sempre é serena e muitas vezes pode ser perturbadora ou decepcionante. No entanto, estamos aqui e devemos continuar, evoluir, para que a vida se ilumine ao máximo e nos traga a abundância e o bem-estar que procuramos e desejamos no mais profundo de nós mesmos.

Paciência e bondade

Ser bondoso e, sobretudo, paciente para consigo mesmo é algo muito importante: aceitar o que existe sem preconceito; aceitar nossa vida e o que ela nos traz de alegria ou de decepção.

Temos escolha? Se caminhamos contra o vento, contra as marés sofremos com o açoite desses ventos contrários que nos impedem, sem dúvida, de avançar tranquilamente. Se teimamos em avançar contra a corrente ficamos cansados e estaremos satisfeitos, pois nada terá acontecido como desejamos. Muitas vezes pensamos que somos perseguidos, que a vida é injusta, que o azar nos acompanha e que nada, nunca se arranjará... No entanto, podemos agir de modo diferente e utilizar ho'oponopono contra todos os obstáculos e as resistências para, conscientemente, facilitar nosso destino.

Assim, a paciência se torna indispensável; é impossível mudarmos o momento presente de maneira imediata, como se fosse um toque de mágica. É melhor aceitarmos o presente para evitar que fiquemos atormentados e aumentemos nosso estresse, tão presente na vida de todos nós. Se uma situação muito desagradável se apresenta, é impossível modificá-la de imediato.

Evidentemente, mais tarde, poderemos tentar uma transformação, pois tudo pode se arranjar com o tempo e a perseverança. Ainda assim, será preciso termos paciência diante dos acontecimentos e das mudanças esperadas. Nunca completamos um quebra-cabeça de maneira instantânea; as peças devem ser colocadas uma depois da outra, para, finalmente, termos a imagem completa. O mesmo acontece em nossa vida, e precisamos ter paciência para que cada peça do quebra-cabeça se instale, uma depois da outra, ao invés de reclamarmos porque nossa intenção não se realizou de imediato.

A magia e o poder existem; contudo, não são instantâneos como, na maioria das vezes, imaginamos.

Desapegar

Você possui um imenso poder, o poder de ser você mesmo de maneira essencial, o poder de aceitar tudo o que chega até você, tudo o que é. Por outro lado, não possui poder algum sobre a situação, sobre o contexto que se desenvolve e a maneira como se realiza.

Ninguém pode afirmar, num *instante t*, que determinado acontecimento é negativo. Enquanto o quebra-cabeça não estiver completo você não poderá garantir que uma peça está em um lugar bom ou não. Essa é a nossa maior dificuldade e o nosso maior desafio.

Desapegue-se do contexto de sua vida, renuncie ao controle e deixe que a inspiração se instale. Dessa forma, poderá administrar o que acontece e realizar suas intenções. Elas ganharão energia e serão portadoras de um imenso poder, pois serão essenciais para você.

Quando controlamos o que é dado, sem poder mudar nada, só mantemos as coisas, a situação, numa redoma de vidro, esperando que nada mude. Provavelmente, desenvolvemos o mal-estar, doenças, insatisfações de todo tipo. Gastamos energia para manter a redoma e rogamos que ela não se quebre em pedacinhos. Contudo, se a retirada da redoma corresponde ao nosso destino, isso se fará provavelmente de maneira dolorosa para nós.

Assim, convém deixar as coisas acontecerem, deixar que as coisas se libertem, para estabelecer uma realidade mais fluida, clara e essencial. Certamente, o medo da mudança permanece. Mas, às vezes, é preciso integrar esses temores no processo, para que a verdadeira transformação ocorra. Ela nos trará, com certeza, bem-estar e satisfação interior.

A lei da gratidão

A gratidão representa um elemento obrigatório em todo esse desenvolvimento, principalmente para levar a cabo o difícil processo de aceitação.

Jogar fora a energia negativa

Muitas pessoas reclamam o tempo todo. Nada está bom: está muito quente, está muito frio, estão cansadas, trabalham demais ou não têm trabalho... Essas pessoas nunca estão satisfeitas com sua sorte, não importa o que aconteça, criticando tudo e todo mundo. Esse estado de espírito é um desastre, principalmente para elas mesmas, pois mantêm as energias e os pensamentos negativos. Nesse caso, com certeza, elas os acrescentam às memórias erradas já existentes e bem presentes. Nada de realmente positivo poderá acontecer com elas.

Uma representação incontestável da falta de gratidão tem relação com a reclamação frequente para pagar as contas. Essas contas não pagam a eletricidade e a água consumidas? Pagar os impostos não permite que possamos nos beneficiar das estradas, dos serviços públicos, da ajuda dos bombeiros etc.? A lista é longa. No entanto, frequentemente pagamos as contas com má vontade, como se tudo devesse ser gratuito.

As consequências de nossas ações têm repercussão de longo prazo em nossas vidas. Lembremos do funcionamento do sistema em que vivemos: somos portadores daquilo que atraímos. Assim, com o pensamento errado no momento de pagar as contas, nós retemos toda a energia que precisa circular.

O dinheiro também contém energia! Se essa energia ficar retida, se recusamos deixá-la circular, será inútil esperar que ela retorne para nós. Dessa forma, declaramos guerra à circulação de tudo. Se retemos a circulação, tudo ficará parado em volta de nós. Quando retemos o receio do fracasso que toma conta de nós, fatalmente atraímos esse receio, pois bloqueamos a energia que deveria fluir. A abundância que podemos receber na vida é aquela que geramos no universo. Se a retemos, ela se retém! Esse fenômeno é válido para tudo, é claro!

Alguns preferem ver o copo vazio; outros pensam que sempre podemos enchê-lo! A diferença está aí, mínima, em nossa visão das coisas, da sociedade, do que acontece conosco e de nossa vida. Escolher entre conservar e só enxergar as coisas que nos dão desgosto, ou, ao contrário, apreciar o que tivemos ou o que podemos ter: tudo reside nisso!

Conservar a energia positiva

A gratidão permite promover uma energia positiva. A todo momento em nossa vida, as energias negativas, os acontecimentos inesperados e desagradáveis podem se manifestar. Manter a gratidão sempre disponível, em espera, faz com que nos concentremos no positivo.

O sentimento de gratidão por tudo aquilo que já possuímos deve ser sincero: a saúde, um teto, um trabalho, tudo o que já vivemos de positivo, tudo o que já alcançamos até aqui. A saúde, o alimento suficiente de cada dia, a água encanada, a luz: nada disso nos é dado nem é "normal". É uma grande sorte poder viver no conforto e comer bem. Assim, devemos ser gratos todos os dias. Dessa forma, seremos ouvidos pelo universo, que nos trará sempre aquilo que precisamos.

Se, a despeito de tudo isso, a insatisfação permanecer, se desejarmos sempre mais, se não enxergarmos aquilo que já temos, estaremos condenados à estagnação e à redução da qualidade de nossa própria energia. De fato, é dessa maneira que funciona nosso universo e, por isso mesmo, ho'oponopono inclui nas suas quatro frases a palavra "grato", que exprime toda nossa gratidão pelo que passamos e pelo que nos acontece.

Viver no momento presente
Libertar-se do passado

O momento presente corresponde à segunda razão pela qual a gratidão é essencial. Consequentemente, por meio da gratidão, nos focamos no momento presente e tudo o que ele oferece no *instante t*. O futuro está por vir, não existe ainda, e o passado já terminou.

Exercitar a gratidão nos liberta do passado. Por que remoer um passado doloroso se hoje tudo aconteceu de maneira satisfatória, se vencemos as dificuldades? Remoer o passado nos mantém nas experiências passadas e conserva as velhas memórias escondidas, ao invés de libertá-las. Aqui também ho'oponopono é nosso aliado para permanecer nessa constante gratidão.

Agradecer pelas mínimas coisas que nos rodeiam nos ajuda a mudar a visão que temos sobre nosso entorno. Agradecer pelo belo Sol que brilha, uma atenção recebida, um dia ou uma noite agradável, a possibilidade de fazer uma viagem... Tudo é bom para agradecer ao universo pelo que ele nos envia.

Agradecer pelas provações

Quando o que nos é trazido não nos convém, também devemos agradecer, para que a situação ou a pessoa desagradável indique a origem de algo que devemos limpar e ainda libertar. Em vez de expressar raiva, trata-se de encontrar lugar para a gratidão, e agradecer por isso. De fato, graças a essa nova experiência, progredimos e melhoramos nossa vida, nossos encontros e o que viveremos em todos os níveis.

Mas na vida de muitas pessoas isso não é tão evidente; elas têm dificuldade para sentir gratidão, agradecer pelos problemas e desgostos. No entanto, esse é nosso destino. Esse é o ensinamento de ho'oponopono: agradecer sem se importar com o que acontece, ainda mais quando é negativo, pois só assim podemos chegar ao fundo de nós mesmos e fazer emergir o que é obstáculo... Quem pode liberá-lo sem retirar as camadas para ver o que há no fundo? Ninguém.

Para liberar é preciso deixar emergir os bloqueios. Por isso, muitos de nós não libertamos o que está errado e guardamos os preconceitos, as intolerâncias. No entanto, a única forma de avançar e transformar nossa realidade é libertando o que causa os bloqueios.

Faça o programa de 21 dias, durante os quais você instalará a gratidão em todos os lugares de sua vida, em todos os níveis. Você fará um mergulho num mar de gratidão e consequentemente provocará situações surpreendentes, desencadeadas pela alimentação de energia da gratidão que terá instalado em sua vida. O exercício seguinte foi tirado do livro de Rondha Byrne, *La magie*[9].

Praticar a gratidão

Durante todos esses 21 dias agradeça por tudo em sua vida que é particular. Reflita sobre isso, principalmente à noite, ao se recolher.

Dia 1. Durante todo esse dia agradeça por aquilo que já possui: "Sou muito feliz e agradecido por..." "Tenho muita sorte de..."

---
9 Publicado pela Éditions Trédaniel, 2012.

Encontre pelo menos 10 pontos que figurem em sua lista, nos mais diferentes planos: relacionamentos, felicidade, amor, dinheiro, familiares, saúde, trabalho, contexto social...
Após ter pronunciado essa lista agradeça 3 vezes, dizendo: "Sou grato, sou grato, sou grato".
A cada dia encontre 10 coisas positivas pelas quais você agradece ao universo.

Dia 2. Nesse dia você fará um agradecimento especial para 3 pessoas, quaisquer que sejam, que lhe deram apoio em um momento especial de sua vida. Encontre eventualmente uma foto delas e lhes agradeça, explicando em pensamento por que o faz.

Dia 3. Agradeça por sua saúde. Você poderá escrever esse ponto preciso em uma folha de papel e guardá-la para se lembrar. Agradeça ao universo por isso. Escrever fixa na matéria e acrescenta mais força à intenção do agradecimento.

Dia 4. Esse dia se relaciona ao dinheiro que você teve até agora. Não pense nos momentos em que ele foi escasso, mas naqueles em que o recebeu! Aqui você também poderá escrever numa folha e guardar consigo durante todo o dia.

Dia 5. Dia do trabalho. Se você tem um trabalho, agradeça por ele. Se recebe ajuda no trabalho, agradeça por isso. Faça um inventário de tudo o que vai bem. Nem sempre é fácil, pois temos a infeliz tendência de nos lembrarmos do que é negativo! Você sabia que uma pessoa insatisfeita conta sua desventura a 7 outras pessoas enquanto uma pessoa satisfeita só conta sua felicidade para 3 outras pessoas? Por que não inverter essa tendência?

Dia 6. Esse dia é dedicado a eliminar qualquer pensamento negativo! Se um deles fizer menção de aparecer, descubra nele algum aspecto positivo. Além disso, determine a situação negativa que mais lhe perturba e estabeleça 10 razões para atribuir a ela algo de positivo, e assim transformá-la graças à gratidão. Exemplo: "Estou transbordante de felicidade por ter me divorciado, porque isso permitiu superar, encontrar forças em mim e, hoje, viver mais feliz. Sou grato, sou grato, sou grato".

Dia 7. Você está vivo porque se alimenta. Então, já é tempo de agradecer pelo que chega a seu prato...

Dia 8. Mais um dia dedicado ao dinheiro. Agora você agradecerá pelo dinheiro que ainda não tem para pagar suas contas. Escreva nas contas: "Sou grato pelo dinheiro". Você ficará concentrado, assim, muito mais na abundância do que na escassez.
Pense em suas contas para alcançar a matemática da abundância. Agradeça ao dinheiro que permite que suas contas sejam pagas: "Sou grato pelo dinheiro". Agradeça também pelas contas que já foram pagas; escreva nelas: "Sou grato, paga"! Pare de colocar o foco na fatura e no pagamento dela como uma privação monetária futura; pense muito mais no que esse pagamento trouxe de benefícios. Sinta-se grato por isso!

Dia 9. Imagine um pó mágico que jogará em 10 pessoas que fizeram um ou mais favores a você. Agradeça. Repita esse exercício tantas vezes quanto queira.

Dia 10. Quando se levantar, agradeça pelo dia que começa e pela possibilidade de vivê-lo.

Dia 11. Pense em 3 pessoas que verdadeiramente tiveram um grande impacto em sua vida e agradeça a elas de todo o coração.

Dia 12. Faça uma lista de seus 10 maiores desejos, em qualquer campo. Agradeça, por escrito, como se eles já tivessem sido realizados. Imagine uma situação para cada um deles. Quando esse desejo se realiza, como você o sente e que emoções ele provoca? Isso corresponde, de certa forma, à representação gráfica octogonal do *feng shui*: ao reproduzir o *baguá* e as zonas de energia correspondentes nós indicamos em cada parte do diagrama o que desejamos com relação ao amor, dinheiro, carreira...

Dia 13. Agradeça por tudo o que conseguir fazer durante o dia, de manhã até a noite. Visualize cada resultado como se já tivesse sido realizado.

Dia 14. Está na hora de resolver uma relação problemática ou um rompimento. Liste 10 razões pelas quais você pode agradecer à pessoa em questão.

Dia 15. Escolha e visualize um aspecto de seu corpo que deseja melhorar e agradeça o resultado já obtido.

Dia 16. Preencha um cheque mágico com o montante que deseja receber e o afixe, por exemplo, à parede, de maneira que possa olhar regularmente para ele. Cada vez que olhar para esse cheque imagine-se comprando o que almeja com o seu valor.

Dia 17. Faça uma lista com pelo menos 10 coisas que você desejaria que fossem feitas. Marque 3 delas e imagine que tudo está resolvido. Agradeça por elas.

Dia 18. Concentre-se em seu coração. Depois retome a lista dos 10 desejos do dia precedente e agradeça.

Dia 19. Dê 100 passos e agradeça por eles.

Dia 20. Agradeça pelo ar que respira.

Dia 21. Fique atento aos sinais à sua volta durante todo o dia. Eles podem ter relação com tudo o que você pediu. Agradeça quando perceber um sinal que vá a seu encontro.

Depois de 21 dias você mergulhará na gratidão e acostumará seu cérebro com essa energia.

Perdoar

Estamos aqui prestes a dar um pequeno e ao mesmo tempo grande passo: não conseguiremos nada sem ultrapassar essa etapa.

As marcas do passado

Além de termos recebido algumas programações familiares desde a nossa infância, aprendemos muitas coisas, em todos os níveis, com nosso entorno, nossa família, escola e sociedade. Todas essas coisas são vistas como verdades absolutas, verdades que impregnam nosso cérebro e se tornam crenças. Essas crenças, em seguida, forjam nossa personalidade e nossa identidade, mantendo-nos em um quadro bem definido.

Esse quadro restringe nossa liberdade e fixa limites que não enxergamos como tais, uma vez que aceitamos o quadro sem perceber que nos enquadra, sem perceber que esses limites podem ser uma miragem. Assim, se ouvimos desde a infância que somos inúteis, sem futuro, tolos, idiotas e que nunca chegaremos a lugar algum, como retomar a confiança em nós mesmos e em sua capacidade? Também podemos passar por situações de estresse porque nossos pais viveram situações estressantes e passaram para os filhos a visão de que a vida é difícil. Esses são somente alguns exemplos.

Podemos ainda lembrar o caso das crianças maltratadas que não percebem que seu tratamento não é normal.

Somente depois de muito tempo, talvez, elas compreendam que aquilo que viveram não era normal. Mas, provavelmente, um pouco tarde, todas as marcas e feridas do passado forjaram seu desenvolvimento e com certeza geraram muita dúvida, medo e raiva. As pessoas relacionadas a essas emoções continuam a alimentá-las e frequentemente continuam a atrair situações parecidas. Violência conjugal, alcoolismo, traição, dificuldades financeiras, impossibilidade de criar e concretizar projetos... deixam traços indeléveis.

Traços indeléveis

O reflexo parece lógico: queremos esquecer tudo de ruim que passamos, e para isso escondemos tudo no "fundo do lixo", conscientemente ou não, com trava dupla ou tripla! Pensamos então em continuar a viver sem perder tempo com essas feridas... Pensamos que é um direito e que, com todas as travas fechadas, tudo aquilo não provocará mais qualquer impacto na nova vida tão desejada. Infelizmente, isso é um grave erro.

As memórias do passado são como traços indeléveis em nosso cérebro. Podem ressurgir a qualquer momento, bastando que o mecanismo recomece, por exemplo, quando revivemos ou somos confrontados com uma situação similar que ativa todo esse processo em nossa mente. Assim, uma cor ou um odor pode relançar um processo inteiro. A memória é, dessa forma, reativada, e nem mesmo compreendemos por que reagimos daquela forma, mesmo percebendo que nossa reação foi exagerada.

Rever as crenças

Faça este exercício revelador e inspirador relacionado ao que você acredita, ou não, em todos os domínios. Vamos avaliar onde você se encontra e como é composto o quadro no qual aceita viver. Pegue uma folha de papel e complete com suas palavras as seguintes afirmações:

"Não é para mim."	
"Nunca conseguirei isso."	
"Acredito que..."	
"Tenho medo de que..."	

Essa lista de crenças é essencial para lhe permitir a conscientização dos limites que cercam a sua vida e você se perguntar por que atravessa tal situação, e isso em qualquer campo (pessoal, familiar, profissional, financeiro, amoroso...).

O perdão como libertação

Só conseguimos nos libertar totalmente das crenças que estão incrustadas em nós quando perdoamos. Nesse ponto encontramos ligações muito precisas com algumas religiões. No entanto, não se trata somente de perdoar ao pai ou à mãe por ter legado isto ou aquilo; é preciso perdoar a si mesmo.

Frequentemente pensamos em tudo e em todos, exceto em nos mesmos. Continuamos a nos punir, mas por quê? Essa é a questão. Não temos razão alguma para continuar nesse contexto limitado, ligado a nossos sofrimentos e crenças, mas para sair dele definitivamente será necessário perdoarmos a todos e em tudo.

Isso é alcançado quando nos tornamos plenamente responsáveis: escolhemos nossa encarnação, nossas experiências e nossos pais! Na verdade, nem sempre é fácil aceitar, no entanto, se chegamos neste livro até aqui podemos começar a compreender. Tudo isso certamente nos conduzirá à aceitação tranquila. Ter perdoado completamente significa que não temos mais ressentimento algum, nenhuma raiva contra uma pessoa ou contra uma situação. Além disso, é preciso perdoar com amor! Essa é a parte mais complicada, pois talvez tenhamos vivido experiências muito difíceis! Como então perdoar aquele ou aquela que nos causou tanto mal?

Ho'oponopono pode ser de grande ajuda: se não conseguimos ter acesso ao perdão, esse método nos guia tranquilamente, sem imposições. Ele gerencia as transformações que poderão apaziguar nossas relações com o que nos cerca, com os sentimentos e as emoções, os ressentimentos e o ódio. Quando conseguimos desejar o melhor para quem nos feriu, até mesmo para nosso pior inimigo, então toda nossa vida pode se transformar: teremos conseguido perdoar no mais profundo de nosso ser.

Guardar o essencial

- Atraímos as situações e as pessoas conforme as mensagens que enviamos para o universo; é a lei da manifestação.
- Somos responsáveis sobre tudo e geramos nossa vida em função disso; é a lei da aceitação.

- A gratidão é um estado indispensável que deve ser atingido e mantido para mudar nossa realidade.
- Sem perdão não há salvação nem total e profunda libertação.

Capítulo 6

APAGAR AS MEMÓRIAS ERRADAS

No programa
- O caminho da inspiração
- O processo de limpeza
- Os benefícios da prática
- Guardar o essencial

> *"O que constitui a essência de um ser humano é não procurar a perfeição."*
> George Orwell

Ego ou essência, uma escolha muitas vezes difícil de se fazer: viver em função do ego ligado ao sistema de crenças no qual nos movemos e, assim, viver em função do exterior (ego), ou viver em função da alma, de nosso interior mais profundo (essência), sem ligar para a aparência. Como já vimos, constantemente orientamos nossas ações tendo em vista nosso ego e nossos temores inconscientes e exteriores, ao invés de agirmos conforme nossa identidade interior.

A escolha entre o ego e a essência muitas vezes nem se apresenta, pois estamos presos numa gaiola dourada que nos faz acreditar que nada existe na periferia. Será que estamos presos como no filme *Truman Show*, no qual o personagem cresce sendo filmado constantemente? Ele vive num mundo asséptico, preservado de perigos, no qual tudo funciona perfeitamente: para Truman, essa é a realidade de seu mundo.

Nossa vida e nosso sistema funcionam da mesma maneira: aprendemos a aceitar essa realidade como a única possível. A única coisa que deve ser afastada é a possibilidade de ser, de sentir e de viver independentemente desse sistema que nos envolve. Essa possibilidade representa um enorme desafio, pois mantemos com o sistema uma relação de dependência. Descobrir nossa independência e nosso poder criador corresponde à nossa procura, nossa ambição. Ho'oponopono pode nos ajudar.

O caminho da inspiração

Uma bagagem de experiências

Desde o início deste livro aprendemos ou confirmamos dados importantes sobre o universo que nos envolve e o estado de nossa relação com ele. Nossos leitores, assim esperamos, começaram a compreender que estão energeticamente ligados ao ambiente, criando muitas vezes resistências e bloqueios, ao invés de fluidez e leveza.

Chegamos ao mundo com uma bagagem que sem cessar aumenta e se alimenta dos pensamentos e crenças do ambiente próximo, da família e da escola, sem falar da memória coletiva: são como grandes nuvens às quais já nos referimos anteriormente.

Cada um de nós forja sua personalidade por meio dessas informações que percorrem os caminhos de nossas vidas. Nossa bagagem acaba se tornando volumosa, mesmo sendo fundamentalmente diferente para cada um de nós. O único ponto comum: todos consideramos que essa bagagem corresponde a nós mesmos!

Aí reside o problema: nossa existência acaba se relacionando unicamente com essa bagagem, formada de crenças familiares e coletivas, de pensamentos ligados a essas crenças e programações inconscientes ligadas à linhagem familiar; tudo isso inconscientemente escolhido por nós.

Nesse contexto, encontrar a si mesmo e dar sentido à vida não é tarefa fácil. Continuamos a correr para satisfazer toda essa bagagem que não nos representa; cansamo-nos e terminamos por questionar a razão de correr tanto. De fato, o ser escondido no fundo da bagagem de vez em quando "aparece", mas não compreende por que não consegue se mostrar completamente. Esse processo frequentemente se inicia de maneira inconsciente.

O ego dominante

Somos dominados pelo ego, tanto no plano físico como no mental. Esse ego retira toda sua força, seu poder e sua existência de nossa bagagem. Isso explica por que hoje em dia tantas pessoas despertam do estado de pilotagem automática, que é guiada pelo ego, sem compreender o sentido de suas vidas nem o motivo de suas ações...

Isso ocorre, por exemplo, quando começamos a perguntar por que fazemos certo trabalho. Frequentemente, e infelizmente, ele está muito longe daquilo que sonhamos fazer. Sem dúvida, o que sonhamos está escondido, bem encoberto, para que possamos entrar nos moldes do sistema ou realizar os desejos da família.

Primeiro obstáculo de nossas vidas: a barragem que impede o afloramento de nossa essência; ou seja, quem somos de fato. Trata-se da luta entre "sou o que faço" e "sou o que sou". Nossa sociedade, o inconsciente coletivo e o nosso ego apoiam a primeira destas afirmações. Essa pressão externa não permite que abandonemos o que fazemos e o consequente reconhecimento exterior, impedindo que nos tornemos e sejamos nós mesmos!

Muito trabalho pela frente

Finalmente, cansados das experiências desastrosas, começamos a nos questionar sobre a "essência": Por que estou aqui? Para que estou aqui? Esses questionamentos correspondem simplesmente ao despertar de nossa essência, do que somos no mais profundo de nós mesmos, daquele ser que queremos verdadeiramente ver aflorar.

Há muito trabalho a ser feito para se desapegar da mecânica extremamente eficaz instalada para satisfazer nosso ego; ele quer, acima de tudo, ser satisfeito, mesmo que nós não estejamos satisfeitos. Consequentemente, teremos de ouvir atentamente nosso ser profundo em vez de tentar satisfazer todos aqueles que nos cercam... Um verdadeiro trabalho!

Seguir a inspiração para encontrar a essência

Que diferença existe entre a inspiração, gerada nas profundezas de nosso ser, e as ideias bem organizadas e governadas pela mente por meio do ego, que nos impele a querer mais e mais coisas? As grandes invenções e as grandes ideias nasceram, ao que tudo indica, da inspiração, do interior. Elas nos fazem vibrar; de algum modo, sabemos que são justas, ao passo que a mente nos guia por intermédio das crenças, do que acreditamos ser bom para nós. Quando liberamos as memórias ligadas ao ego usando ho'oponopono conseguimos nos reconectar ao que somos profunda e verdadeiramente: a essência. Aos poucos encontramos uma ligação com nossa voz interior que, sem dúvida, pode nos guiar em todos os planos de nossa vida para que saibamos onde ir e como agir.

Evidentemente, para fazer isso acontecer é preciso todo um processo: devemos nos desapegar de algumas coisas e acabar com o estresse, para depois aproveitar os benefícios que nos aguardam além de nossas esperanças.

O processo de limpeza

Utilizar ho'oponopono significa tomar as rédeas da própria vida, significa ter responsabilidade sobre ela e iniciar um processo de limpeza. Esse processo só é possível se usarmos algumas ferramentas como a repetição das quatro frases, um mantra, cujo significado veremos logo em seguida.

"Sinto muito, me perdoe, sou grato, te amo", ou então: "Desculpe, perdão, obrigado, te amo".

O que é um mantra?

Mantra é uma espécie de oração que recitamos para que possamos ficar cheios de energia. As palavras e o pensamento são muito poderosos: enviam vibrações e frequências energéticas para o universo. Quando recitamos um mantra também nos alimentamos dessa energia. Assim, recitamos o mantra durante um certo tempo e pelo menos 3 vezes, quando melhor nos convém. O ideal é repetir o mantra 108 vezes. Aqueles que conhecem a tradição indiana do *Japa* (a repetição de mantras) sabem que os hindus gostam de repetir 108 vezes um mantra, o que constitui um *mala*, que é uma espécie de oração. Dizem que se o mantra for repetido 100 vezes já é o suficiente; o restante serve para corrigir eventuais esquecimentos. Também dizem que as últimas 8 repetições são oferecidas a Deus – no entanto, podemos recitar o mantra sem contar, mas tomando cuidado para repetir pelo menos 3 vezes!

Recitar o mantra de ho'oponopono fornece a nosso ser e a nossos corpos (físico, mental e espiritual) a energia das quatro frases ou palavras.

Por que razão "sinto muito"?

Aqui nos conectamos com nossa decisão de carregar memórias que nos perturbam. É uma escolha de encarnação. Não se trata de acrescentar uma memória de culpa, mas de concordar com o fato de sermos criadores de nossas vidas, concordar que é nossa escolha e nossa responsabilidade de encarnação.

Somos responsáveis por tudo o que vivemos, pois o que vivemos está diretamente relacionado àquilo que carregamos. Mesmo que tenhamos dificuldade de admitir e aceitar ter feito a escolha, isso é o que acontece.

Conforme os princípios de ho'oponopono, fizemos um contrato com o universo, um contrato que deve nos conduzir à nossa missão de vida, nossa missão de alma. Contudo, para ter êxito na realização do contrato escolhemos um carma e experiências que devemos viver e transcender para obter uma reconexão com nosso ser.

Toda nossa vida deve permitir nos afastar de nosso ego para adotar uma vida essencial, guiada pela inspiração!

O perdão

Pedimos perdão ao universo por ter provocado a situação que se apresenta, mas, sobretudo, pedimos perdão a nós mesmos por ter escolhido esse caminho.

Em meu trabalho como terapeuta de reconexão com a essência usando o *feng shui* ou sessões de reprogramação ADN, constato que alguns de meus clientes já realizaram um trabalho de eliminação de suas memórias erradas. No entanto, esse trabalho é sempre realizado tendo em vista o exterior, mas nunca eles próprios. A reprogramação ADN é um método criado por Kishori Aird, com quem me formei.

Naturalmente, em primeiro lugar, é preciso perdoar a si mesmo por ter escolhido esse contrato e essas experiências. Mas agora também descobrimos a possibilidade de nos desfazer delas. Recorremos a Deus, ou à nossa parte divina, ou ao poder superior que nos governa: o mais importante é abdicar do controle sobre o processo. É essencial abandonar a ideia de que sabemos exatamente como as coisas se desenvolvem. Não sabemos!

Finalmente, essa nova postura é extremamente reconfortante: diminuímos a pressão relacionada ao que desejamos muito e deixamos a parte divina tomar o controle para nos trazer o melhor, o essencial. Permitimos, assim, igualmente, que a inspiração surja.

Graças à implementação desse processo e ao desapego do sistema, grandes surpresas e grandes libertações podem acontecer.

Trabalho sobre a culpa a partir da palavra

Etapa 1. Considere uma situação recente e tente compreender por que você empregou tal palavra, tal frase, e coloque-se as seguintes questões:
- Que tipo de energia usei ao pronunciar essa palavra?
- Conforme meu ponto de vista, como a exprimi?
- Conforme o ponto de vista da pessoa a quem dirigi a palavra, como ela a recebeu?

Não se deixe levar pela culpa ou pelo remorso, mas analise clara e objetivamente a situação.

Etapa 2. Faça a mesma coisa com as palavras que você usa no cotidiano. Você sempre diz "estou cansado disso, é um inferno", "vai demorar um pouco", "a coisa está feia", "detesto você" etc.?
O intuito aqui é ter consciência de que as palavras que você usa são seu próprio reflexo, como também são o reflexo do que você deseja (ou não) reconhecer. Essa tomada de consciência permitirá eliminar as palavras destruidoras que são nefastas para você em seu dia a dia.
Se você sente culpa, tente compreender o que critica em si mesmo; isso também ajudará a perdoar o outro.

Etapa 3. Aproveite alguns minutos de calma, respire e se permita perceber aquilo que você censura: raiva, controle ou qualquer outra coisa.
A partir desse momento pode utilizar ho'oponopono para liberar os sentimentos de culpa que sente por si mesmo e deixe um sentimento de paz invadir progressivamente seu ser.

Sou grato

Já falamos sobre a lei da gratidão. De fato, é indispensável agradecer sempre por *todas* as experiências que se apresentam e por todas as memórias que surgem, com o propósito de liberá-las e limpá-las.

Daqui em diante, se nos depararmos com uma pessoa desagradável ou com uma situação que não flui como deveria, não vamos mais reclamar. Talvez possamos ver, na pessoa ou na situação, a oportunidade de libertar o que deve ser libertado para, finalmente, poder *ser*. Nesses casos a gratidão deve ser praticada! Agradecer nos torna conscientes das nossas memórias erradas e permite nos libertarmos. Por isso, as palavras "sou grato" ou "obrigado" faz parte desse poderoso mantra.

Libertar sem amor?

Nenhuma ferramenta de desenvolvimento pessoal e de libertação jamais poderá ser eficaz se continuarmos a manter o rancor, o ressentimento ou o ódio. De fato, está em cada um a decisão de perdoar totalmente. Esse trabalho de libertação é indispensável, mas deve ser feito com amor e compaixão.

Uma vez que admitimos a responsabilidade sobre tudo o que acontece conosco, como então culpar alguém ou alguma coisa pelo que nos acontece? Isso não tem lógica. Isso posto, às vezes é necessário um pouco de tempo para perdoar e sentir uma forma de amor incondicional por determinada pessoa, não importando a situação.

O mantra de ho'oponopono, composto pelas quatro frases, será eficaz de qualquer forma, mas quanto mais for feito conscientemente, maior será seu efeito!

Os benefícios da prática
Abertura de possibilidades

A prática de ho'oponopono pode mudar nossa vida desencadeando um processo de transmutação e transformação.

No início do processo podemos ter a impressão de perda de controle, mas na realidade ocorre o inverso: ficamos abertos à possibilidade de estabelecer o próprio poder, poder criador, pelas palavras e pela essência, e não pelo ego e pelas realizações materiais. O que é bem diferente.

O poder pelo ego não existe: nosso contrato com o universo nos lembrará, de um jeito ou de outro. Nesse momento percebemos que não temos nem poder nem controle sobre o desenvolvimento de nossas vidas. Por outro lado, temos poder para criar, abrir o campo das possibilidades e das oportunidades. Mas para isso é necessário, como vimos, praticar o desapego e permitir que aconteça o que deve acontecer.

Um novo modo de pensamento

Esse processo provoca uma modificação total em nossa maneira de pensar: até agora considerávamos os acontecimentos de nossa vida como independentes de nossa vontade.

Falsas acusações

Nem sempre é fácil ter consciência disso, mudar os hábitos de pensamento e assumir responsabilidades; é muito simples e cômodo acusar os outros! Foi ele, ela... mas nunca sou eu. Eu nunca sou responsável pelo que me acontece!

Nosso modo de funcionar, tudo o que aprendemos até agora, tudo deveria ser mudado e transformado. Não é tão simples: vários contextos desagradáveis podem continuar a acontecer. Como reagir a isso? Como aceitar, por exemplo, que uma pessoa nos agrida? Talvez nesse dia tenhamos essa agressividade em nós mesmos, não exteriorizada ou identificada, no entanto bem presente. E tudo segue o mesmo esquema...

Desapegar

A maneira como desapegamos das coisas da vida é um outro elemento que a prática de ho'oponopono vai transformar. Parece sempre fácil aconselhar um amigo: desapega! Conselho fácil de dar, mas bem difícil de seguir. Então, quando se trata de nós mesmos e de qualquer coisa que queremos muito, o que acontece? Temos evidentemente muita dificuldade em desapegar de nossos desejos, de nossas expectativas: aqui também se manifesta mais uma vez nossa necessidade de controlar os contextos, de controlar o que acontece.

Ho'oponopono nos convida a acolher o desconhecido graças ao desapego, como se fosse a passagem do bastão em uma corrida de revezamento. De fato, delegamos o nosso poder e aceitamos que as coisas aconteçam.

Ter confiança no destino e no futuro é o desafio de cada instante na encarnação que escolhemos. Sem dúvida, essa é a coisa mais difícil de realizar. Contudo, trata-se de aceitar o desprendimento total, como se entregássemos a chave a outra pessoa. Decidimos assim nos afirmar e deixar de lado tudo o que podemos desejar, da mesma forma que nossos eventuais medos. Medos que surgem porque decidimos "deixar acontecer" sem controlar o resultado do processo. Tudo isso significa ir no sentido contrário aos nossos hábitos. Mas, ser mestre do próprio destino corresponde realmente a ter poder sobre o ego, seus esquemas de pensamento, suas crenças familiares e coletivas, suas programações... Não é mais questão de ser o melhor, mas de ser aquilo que podemos realizar.

Mantidos dentro de um círculo vicioso, nunca estamos prontos. Como encontrar o poder se somos obrigados a correr para fazer uma coisa ou outra, para ganhar a aprovação, o amor ou o reconhecimento?

Aceitar um sistema equilibrado

Como vimos, é necessário ter consciência do sistema do qual somos prisioneiros para poder se desfazer dele. Primeiro, ter consciência; depois, aceitar. Nessas condições surgirão resistências sucessivas ligadas a tudo o que carregamos conosco e, evidentemente, ao medo, esse grande dissimulado: medo da perda, medo de não ter, medo do fracasso...

O medo, como qualquer energia negativa, contém uma potência muito grande que é preciso dominar, o que só é possível a partir do momento que o aceitamos.

Deixar a energia assim liberada agir não significa não fazer nada. É mais conveniente aproveitar o impulso que oferece para, tranquila e progressivamente, reconectar-se à sua essência, à inspiração. Conseguimos assim manter facilmente uma dinâmica essencial incentivada por uma profunda inspiração.

Em resumo, é necessário continuar a pedalar para manter o equilíbrio, mas numa única direção: libertar o que deve ser libertado, para que possamos *ser*.

Respiração para acalmar a mente

Inspire e mantenha a respiração por pelo menos 10 segundos. Expire. Repita pelo menos 3 vezes para atingir um estado de calma e de ausência de perturbação da mente.
Imagine-se no interior de uma grande bola flutuante e fluida que possui existência própria.
Sinta que ela avança, flutua, encontra todo o ambiente, mas sem resistência particular.
Sinta que você pertence a esse todo, mas sem bloqueios.
Faça com que a visualização dure alguns minutos.

Guardar o essencial

- A bagagem constituída pelo ego e por tudo aquilo que fez de nós o que somos deve ser libertada.

- É preciso escolher viver conforme nosso ego ou conforme nossa essência.

- Viver de maneira essencial permite liberar a inspiração em todos os níveis (físico, mental, sensitivo).

- Ho'oponopono é uma ferramenta que permite fazer esse trabalho por meio da aceitação, do perdão e da gratidão.

- O desapego de tudo o que existe e de tudo o que desejamos é indispensável.

- Trabalhando com ho'oponopono retomamos o poder criador em detrimento do ego que até então detinha esse poder.

- Ho'oponopono permite uma reconexão consigo mesmo, traz paz e equilíbrio interior, pois ajuda a evitar que se mantenha o foco no exterior.

Parte 3

Praticar no cotidiano

"Tudo o que você vive está baseado nas escolhas que fez. Os pais, as relações com o passado, o trabalho, a economia, a meteorologia, uma desavença ou então a idade não são os culpados. Você é o único responsável por todas as decisões e escolhas que faz."
Wayne Dyer

Vejamos agora algo mais concreto: como usar ho'oponopono todos os dias. Como recitar as quatro frases, com que frequência, em quais situações? Pode-se praticá-lo sozinho ou é melhor fazê-lo acompanhado?

Uma a uma, vamos resolver essas questões e analisar os prós e contras das situações exemplificadas que se relacionam com os domínios nos quais ho'oponopono é empregado.

Neste ponto do livro os leitores já compreenderam que esse método é muito mais do que uma simples ferramenta. Representa, de fato, uma nova maneira de abordar nossa realidade e nossa responsabilidade sobre cada acontecimento que ocorre. Ho'oponopono permite iniciar ou continuar por um caminho de grande desenvolvimento e plenitude.

Capítulo 7

METODOLOGIA

No programa
- O processo de limpeza
- A recitação
- Uma prática individual
- Guardar o essencial

> *"Não tem de acreditar em qualquer pensamento que chega até você. São só pensamentos."*
> Eckhart Tolle

Vamos ao que interessa: Como praticar objetivamente ho'oponopono em nosso dia a dia? Por onde começar? Como e quando fazer a recitação?

O processo de limpeza

Mesmo que para muitos a oração não tenha muita importância ou não faça mais parte do cotidiano, ela representa, no entanto, uma maravilhosa maneira de aliviar a tensão e ganhar confiança em si. Ela permite que nos orientemos e concentremos nos exercícios, da mesma forma que em nossa riqueza interior.

A oração de Morrnah

Começamos com a oração criada por Morrnah e transmitida pelo Dr. Len. A recitação dessa oração dá início ao processo de limpeza e concentra nossa intenção na cura.

Divino criador, pai, mãe, filho, tudo em um...

Se eu, minha família, meus entes próximos e meus ancestrais ofendemos a vós, vossa família, vossos entes próximos e vossos ancestrais, por meio de palavras, ou ações, desde o início dos tempos até hoje, pedimos perdão...

Limpamos, purificamos, renunciamos, suprimimos todas as memórias negativas, bloqueios, energias e vibrações negativas, e transmutamos essas energias não desejadas em pura luz.

E que assim seja! Amém![10]

O mantra

Após ter recitado a oração de Morrnah devemos nos concentrar sobre os problemas que desejamos tratar,

---
10 Apud VITALE, J. & HEW LEN, I. *Zero limits*: The Secret Hawaiian System for Wealth, Health, Peace and More. Op. cit.

quaisquer que sejam eles: físicos, materiais, emocionais...
O objetivo do exercício seguinte é tentar aceitar o que não está correto.

Problemas e mantras

Etapa 1. Comece fazendo uma lista do que considera que, hoje, causa problema em sua vida. Não tenha medo de escrever. Você só pode ser honesto consigo mesmo!
"Não tenho dinheiro."
"Brigo sem parar com..."
"Não tenho confiança no meu futuro profissional ou financeiro."
"Tenho medo de me divorciar."
"Não tenho confiança em mim."
"Nunca conseguirei."
"Não tenho sorte."
"Estou sempre com dor nas costas."

Etapa 2. Escolha um problema de sua lista ou vários do mesmo estilo, como desejar.
Instale-se confortavelmente e inspire tranquilamente retendo a respiração por 10 segundos antes de expirar, repita a respiração 3 vezes. Isso deve fazer com que atinja a calma e a tranquilidade.
Recite o mantra de ho'oponopono e, ao mesmo tempo, pense em seu problema: "sinto muito", "me perdoe", "sou grato", "te amo".
Siga ao máximo seu instinto. Quanto mais sentir que as informações ou a ausência de inquietações da mente vêm do interior, mais elas serão verdadeiras. Deixe que o processo faça seu caminho!
Talvez a inspiração aflore, guie e manifeste as coisas que você deve dizer ou fazer! Repita várias vezes esta etapa.

Este exercício permite que nos afastemos progressivamente da situação problemática, notadamente conflituosa. Em uma briga, geralmente as posições se acirram, o que gera a raiva e a tristeza. Mas esses sentimentos continuam sendo as nossas próprias emoções, e não as da pessoa diante de nós. Insistir nessa direção não resolverá nada; de fato, só agravará a situação e as emoções sairão vencedoras. Mais uma vez, a responsabilidade é jogada nas costas do outro.

Quando decidimos mudar de funcionamento e não mais delegar ao outro a responsabilidade, ocasionamos uma grande mudança. Assumimos a responsabilidade não somente sobre o que acontece, mas também sobre o resultado da situação. As soluções então aparecem, pois finalmente colocamos paz e harmonia no interior de nós mesmos, ao invés de estimular a raiva, a decepção, a tristeza, a vitimização...

A renúncia cármica

Todas as memórias passadas e presentes constituem também aquilo que chamamos de carma, nossas dívidas a pagar em função de nossas ações passadas. O processo de limpeza continua por um trabalho de renúncia cármica visando nos libertar das experiências passadas.

Libertar as memórias em todos os níveis

Para realizar este ritual fique isolado em um cômodo ou lugar no qual certamente não será perturbado durante pelo menos uma hora. Evidentemente, mantenha longe qualquer aparelho telefônico!

Preparação. Escreva em uma folha de papel cada um dos problemas que deseja abordar: aquelas coisas que você não quer mais em sua vida (nome do ex-cônjuge; estados ou emoções como a inveja, o orgulho ou o medo; situação no trabalho que não quer mais suportar etc.).

Providencie uma vela, incenso, um copo de água e uma pedra ou um cristal. Cada um deles representa ao mesmo tempo um elemento e os diferentes corpos: a vela representa a purificação pelo fogo, a fumaça do incenso representa os pensamentos e o corpo mental, a água simboliza as emoções, a pedra ou o cristal simboliza o corpo físico.

Comece por sentir a energia da terra que sobe por seu corpo. Em seguida, preste atenção à energia que vem do céu. Esse procedimento serve para que você se conecte com a energia, da terra e do céu, que envolve todo seu corpo.

Peça mentalmente a assistência de quem poderá favorecer a realização desse ritual: os guias, os anjos da guarda, os santos, os arcanjos. Acenda a vela e o incenso.

Manifeste então o desejo de cortar qualquer ligação cármica com suas memórias, suas programações e crenças, mesmo que você não saiba como.

Expresse em seguida a mesma vontade de libertação, olhando a água que representa as emoções; depois, para o incenso, que corresponde à mente; e, finalmente, para a pedra ou o cristal, que simboliza o corpo físico. A cada mentalização faça uma respiração profunda. Agora você está pronto para começar.

Ritual. Passe em revista todas as situações possíveis, em cada domínio de sua vida, podendo apresentar os problemas. Junte então a ferramenta de ho'oponopono.

Recite a oração de Morrnah (cf. p. 126). Em seguida, as quatro frases: "sinto muito", "me perdoe", "sou grato", "te amo", antes de pedir à sua parte divina para que ela cuide de você e de seu problema. Repita o mesmo para cada situação, pensando em cada um dos problemas que causam a preocupação. Exprima seu desejo depois da recitação das frases de ho'oponopono; em seguida, corte ao meio a folha de papel. Pronuncie ao mesmo tempo uma das seguintes frases:

• "Hoje, conscientemente, mesmo que tenha aceitado carregar o problema (tal problema, tal situação, tal pessoa), peço que seja

aniquilada, aqui e agora, de acordo com meu ser divino e minha essência, qualquer ligação maléfica com... [a situação], mesmo que eu não saiba como."
- "Escolho me libertar e retomar meu poder decidindo ser quem eu sou, aqui e agora, mesmo que eu não acredite."
- "Corto de agora em diante toda ligação nefasta, mesmo que isso me pareça impossível."

Esse trabalho deve ser feito com amor e compaixão. Lembre-se de que você é plenamente responsável e não tem razão alguma para culpar quem quer que seja!

Fechamento. Quando você tiver passado em revista todas as situações, os estados, as emoções, as pessoas, será necessário fechar o ritual. Para isso, retome a oração de Morrnah e as quatro frases de ho'oponopono, depois diga: "Eu peço, junto com a fonte e minha essência, aqui e agora, no ponto zero e no amor para comigo mesmo, ser libertado imediatamente de qualquer ligação ou peso cármico que desde sempre me sobrecarrega. Que tudo o que restar seja transmutado e desapareça de meus corpos – emocional, mental e espiritual –, mesmo que isso me pareça impossível".

Beba então o copo de água pensando que essa água dissolve todos os bloqueios em você. Diga: "Peço para me conectar com minha essência, aqui e agora, todos os dias da minha vida, em todos os níveis, no amor a mim mesmo, não importa as situações vividas ou que ainda vivo hoje, mesmo que eu não compreenda como".

A recitação

Simplicidade de uso

A vantagem de ho'oponopono consiste na facilidade; não é necessário lançar-se imediatamente em inúmeros exercícios. Se estivermos realmente bloqueados em uma situação material, basta recitar a oração de Morrnah e o mantra "sinto muito, me perdoe, sou grato, te amo" o mais frequentemente possível, a qualquer hora do dia. A recitação regular permitirá o desprendimento da situação bloqueada e, tranquilamente, abrirá a via para as transformações em nossa vida.

Repita as frases, escreva em *post-it*, cole em todos os lugares... Quanto mais olhar para elas, quanto mais se lembrar delas, mais se fixarão em seu cérebro no lugar dos velhos esquemas e memórias erradas que ainda estão em sua cabeça.

Quando recitar as quatro frases?

O melhor é repetir as frases sempre que possível. Podemos decidir por um processo de limpeza total e assim recitar "sinto muito", "me perdoe", "sou grato", "te amo" sempre que tivermos tempo ou possibilidade.

Em casa, no carro, no escritório ou no banho... É muito simples recitar as quatro frases em todos os ambientes. No entanto, em períodos conflituosos, quando ocorrem situações difíceis ou contrariedades, ou então quando estamos passando por um desentendimento, ou ainda se sentimos dúvidas sobre alguma coisa no nosso cotidiano, ho'oponopono nos é de grande ajuda.

Frequência de recitação

Simples assim: tantas vezes quantas possa e tão frequente quanto possível!

Quando você concorda em aceitar que é o criador de tudo o que acontece, decide eliminar, com toda consciência, o que não lhe é mais conveniente. Mas para isso é necessário se libertar do passado no perdão e na aceitação do que é...

Assim, enquanto sentir que ainda tem muito a perdoar, pratique e pratique mais!

Pessoalmente, repito sem parar em minha cabeça fazendo exercícios físicos, quando vou me deitar... Como vimos, algumas fontes recomendam recitar o mantra 108 vezes. Contudo, o mais importante é encontrar o próprio ritmo.

Postar a voz

Formular os pedidos ou as intenções em voz alta é uma atitude importante. De fato, a voz é um atributo humano fundamental, e a energia determinada pela intenção não é a mesma se pronunciada em voz alta ou em voz baixa.

Existe uma diferença entre simplesmente ter um pensamento e expressá-lo em voz alta. A voz confere justamente ao pensamento uma força diferenciada. Mas isso não muda o fato de que os pensamentos sejam fortes, geradores de mudanças e de manifestação de vontade, como vimos anteriormente.

No entanto, mesmo em voz baixa, o mantra expressará toda sua potência e ressoará em nosso interior. Em voz baixa, mas com obstinada convicção e um sentimento de amor e perdão, você poderá testar os resultados rapidamente.

Podemos também decidir adaptá-lo à nossa vida, à nossa agenda: declamar alto e em bom som quando estamos a sós e murmurar quando estamos acompanhados, por exemplo!

A força da convicção

O mais importante de tudo continua sendo a confiança e a convicção que acompanham a intenção. Se recitamos o mantra "bobamente", sem nenhuma convicção, sem emoção nem amor, os resultados serão limitados. É importante se dedicar em tudo o que dizemos ou fazemos.

Consideramos que a maneira de falar é criadora de aproximadamente 10% da intenção. O tom, a emoção, a fé e a motivação colocados nas frases fazem o resto do trabalho! Isso talvez possa explicar por que certas pessoas costumam obter fracos resultados, ou até mesmo nenhum, ao recitar os mantras.

Por que a emoção na raiz da intenção torna o mantra mais eficaz? Porque envia um impulso elétrico diretamente até o cérebro que, por sua vez, envia a informação para todas as células e para o DNA. Este reage a essa informação, provocando uma reação física. O coração é o primeiro emissor de nossas frequências energéticas; ele envia o sinal para o cérebro, que o retransmite ao corpo físico. Uma interação entre o "cérebro" do coração e o cérebro da cabeça foi identificada pelos cientistas. Gregg Bradden, autor americano, realizou inúmeras experiências sobre esse tema e tenta relacionar o mundo da ciência com o mundo da espiritualidade. Ele viaja pelo mundo fazendo conferências e seus livros *L'éveil du point zéro* e *La divine matrice* se tornaram *best-sellers*.

O Instituto HeartMath, nos Estados Unidos, realiza há mais de 20 anos trabalhos baseados nas pesquisas científicas sobre o tema. Segundo as pesquisas, nosso coração energético seria um ponto de acesso para a tecnologia interior. Quando alguém tem um verdadeiro sentimento de coração como o carinho ou a compaixão, a coerência cardíaca melhora naturalmente. Os sentimentos do espírito e do coração seriam, assim, fontes de energia que sustentariam nossos pensamentos e emoções, principais atores de nossos sistemas biológicos. O coração energético é associado pelas pessoas à sua "voz interior".

Essas pesquisas em laboratório mostram que um indivíduo, em coerência com seu coração, irradia um campo eletromagnético mais coerente, que pode ser benéfico para tudo e para todos.

O poder das emoções

Imagine que, de repente, alguma coisa de terrível surja a seus pés: uma serpente enorme, milhões de ratos, uma invasão de aranhas... Você provavelmente sentirá uma real emoção, que enviará informações diretamente ao cérebro, mesmo que só tenha imaginado esses animais!

Em função de crenças ou temores pessoais, você mesmo envia ao cérebro uma informação sobre uma situação potencialmente perigosa. Nesse tipo de situação, a primeira coisa que acontece é que seu estado de espírito pode desencadear a sequência dos acontecimentos, não a serpente ou as aranhas. Por outro lado, você pode permanecer neutro. Isso dependerá do ponto de vista sobre o animal em questão ou, intrinsicamente, o que você sente em relação a ele. Então, o que você pensa dos sinais que envia para esse animal se tem medo dele?

Viver de fato uma situação terrificante promove emoções e sensações que criam o processo de impulsão elétrica enviada para o cérebro e, em seguida, para o DNA.

Dessa forma, não seria o objeto do pensamento que cria a realidade, mas antes, a emoção que se aloja no pensamento.

Uma prática individual

Uma das grandes vantagens do método ho'oponopono é a prática solitária.

Quantos de nós transferem o próprio poder para outros, como amigos, parentes, terapeutas? Esse fato pode tomar proporções descabidas. Às vezes acontece, por exemplo, nas sessões individuais de reprogramação DNA, de eu receber pacientes que desejam marcar várias sessões antes mesmo do início da primeira!

De fato, constatamos, nesses casos, a procura da famosa varinha de condão: vidente, terapeuta, amigo ou confidente junto a quem possamos encontrar reconforto e segurança... No entanto, está em nós, em nosso interior, o lugar no qual a confiança deverá ser encontrada!

Quantos videntes e até mesmo alguns terapeutas se aproveitam disso? Mas, não podemos censurá-los. Damos a eles o poder e eles o aceitam. Será que eles estão errados?

Para retomar nosso próprio poder é preciso não abrir mão dele em detrimento de quem quer que seja. Há uma diferença enorme entre precisar de orientação, de um guia bom e construtivo e ser totalmente dependente de alguém.

É bem verdade que os tempos mudam, a energia é diferente e circula mais rapidamente. Mas nossa libertação, quando está decidida, é também mais fácil. Assim, uma ferramenta como ho'oponopono funciona e convém a muitas pessoas, mesmo que elas sejam muito diferentes entre si! O método pode ser usado à vontade, de maneira fácil e solitária; permanecemos autônomos e capazes de escolher quando vamos recitar o mantra: "sinto muito", "me perdoe", "sou grato", "te amo".

A eficácia reside neste fato: a decisão de organizar e recitar as frases depende unicamente de cada um; ninguém pode fazer isso por nós.

Observação

> Frequentemente tentamos perdoar as pessoas que estão à nossa volta, mas deve-se perdoar primeiramente a si mesmo. Nunca é demais repetir isso!

Ho'oponopono é a retomada total de nosso poder.

Guardar o essencial

- Pode-se recitar o mantra tanto em voz baixa como em voz alta; o importante é conservar uma intenção pura de libertação no amor e no perdão.

- Ho'oponopono permite retomar o nosso poder; somente nós podemos decidir se o aplicamos ou não e se queremos ou não liberar.

- Podemos recitar ho'oponopono tantas vezes quantas desejarmos e tão frequentemente quanto necessário; sempre temos alguma coisa a ser libertada.

Capítulo 8

CAMPOS DE APLICAÇÃO

No programa
- As limitações indesejáveis
- Libertar o passado
- Melhorar as relações
- A saúde
- Abundância, sucesso, trabalho
- A retomada da cura
- Ho'oponopono para começar e terminar o dia
- Preparar um momento importante
- A todo momento
- Guardar o essencial

"O segredo da arte de viver, do sucesso e da felicidade se resume a estas palavras: viver em uníssono com a vida."
Eckhart Tolle

Vamos relembrar o sentido das quatro frases de ho'oponopono:

- "Sinto muito" (ou "eu sinto muito") permite que nos conscientizemos do problema: reconhecemos o que está errado e admitimos que a identificação do que "é" (de fato) constitui uma etapa importante do processo.

- "Me perdoe" (ou "por favor, me perdoe") auxilia acima de tudo a se perdoar por ter colocado uma memória limitativa em sua vida.

- "Sou grato" (ou "obrigado") significa a magia da gratidão. Podemos agradecer por perceber essa memória. Se ela não estivesse presente, como poderíamos libertá-la e consequentemente se libertar com ela? Assim, agradecemos a nós mesmos, mas também agradecemos ao universo por permitir essa provação.

- Finalmente, "Te amo" gera uma vibração de amor em todo nosso ser e na direção dessa penosa memória, a fim de libertar a situação no amor e sem nenhum ressentimento.

Vejamos aqui algumas situações concretas e alguns conselhos para o enfrentamento das situações pelas quais passamos.

As limitações indesejáveis

A questão que se coloca corresponde à libertação de qualquer memória limitante ou negativa.

Observação

> As memórias de limitação correspondem a todas aquelas que nos compelem a acreditar que não somos capazes, que não é possível realizar determinada coisa. São memórias limitativas todas aquelas que fixam em nós a falta de confiança em nossas possibilidades e aquelas que nos indicam aquilo a que estamos destinados, de bom ou de ruim.

Vamos tomar como exemplo a ideia de que "é preciso trabalhar duro pra conseguir algo". Será que é de fato necessário "trabalhar duro"? Não. É possível trabalhar bastante, mas de maneira simples, fluida, sem obstáculos, reservando algum tempo para si ou, então, ganhar o suficiente sem que seja necessário trabalhar dia e noite. Nossas crenças nos fazem acreditar que é difícil ou impossível; no entanto, isso é ilusório. Se trabalharmos mais relaxados ficaremos melhor em todos os níveis.

Observemos o adágio "o dinheiro não traz felicidade". Por um certo ponto de vista isso é verdade, mas, em nossa sociedade, sem dinheiro, como poderíamos nos alimentar, ter uma habitação, estudar e até mesmo viajar para aproveitar nosso tempo livre? A crença nesse adágio pode acarretar uma limitação inconsciente de nossos ganhos, por causa do temor de que muito dinheiro finalmente nos traga a infelicidade.

Com um pensamento bastante similar, alguns dizem que "os problemas começam quando há muito dinheiro envolvido". Se esse é o caso, não seria porque essas pessoas acreditam tanto nessa ideia, que ela acaba dirigindo inconscientemente suas ações?

Os exemplos são incontáveis... Ora, como vimos anteriormente, podemos usar ho'oponopono a qualquer momento e em qualquer situação, particularmente quando nos sentimos de fato bloqueados em uma situação, sem encontrar solução e com o sentimento que isso dura uma eternidade... Praticar o mantra nesse caso pode ajudar a destravar o problema e a encontrar o caminho de uma possível solução. Também nesse caso corresponde a uma crença limitativa pensar que nunca encontraremos a chave para o problema e que o destino está contra nós!

Libertar o passado

Este é o mais importante quinhão: o passado! Nada de novo será estabelecido sem que o passado tenha sido libertado com tudo o que o acompanha, como o ressentimento ou o rancor.

Escolhemos nossos pais, nossa encarnação e tudo o que a acompanha. Também escolhemos viver experiências e levar (transportar) uma realidade às vezes bem difícil. Como é bom finalmente compreender tudo isso e poder libertar tranquilamente o que é preciso libertar! Que felicidade poder decidir sobre a mudança!

Perdoar é essencial, perdoar a si mesmo por ter feito todas essas escolhas difíceis. Enquanto sentirmos rancor, raiva, culpa, ressentimento, nada poderá verdadeiramente ser transformado. Devemos perceber todas as situações e pessoas difíceis que nos rodeiam como se fossem "peões" que devem avançar de certa maneira sobre o tabuleiro da vida para que alcancemos alguns resultados indispensáveis.

Em cada uma das situações do passado que devem ser libertadas, ho'oponopono torna tudo mais fácil com os processos que já foram explicados: oração de Morrnah, reflexão sobre o problema e recitação do mantra. A seguir, um exercício prático a ser realizado para suportar o processo e torná-lo mais eficiente.

Libertar-se do passado

Numa grande folha de papel branco desenhe duas árvores, uma de cada lado da folha, com raízes e galhos. A ideia é visualizar uma transformação entre o passado e o presente, representados nas duas árvores. Os galhos representam tudo o que ocorre de problemático atualmente em sua vida (bloqueios, solidão, sofrimento, doença...), as raízes representam os sofrimentos do passado (perdas, traição, humilhação, injustiça...). Desenhe primeiramente a árvore do passado; leve o tempo necessário para representá-la em detalhes.
Em seguida, desenhe a árvore do presente, aquele que imaginou ter. Trace novos ramos que representem paz, riqueza, harmonia, confiança, equilíbrio, proteção etc.
Acrescente, se desejar, cores ao desenho: rosa para o amor, amarelo para uma melhor comunicação, laranja para a mudança, vermelho para a ação.
Depois disso vem o momento de fazer o pedido; peça para que sejam cortadas as partes que ainda ligam você ao passado. Quando estiver pronto – e isso pode levar algum tempo –, com uma tesoura,

corte as raízes e ramos relacionados. Mas, antes disso, cole a folha com as árvores na parede, em um lugar bem visível, e peça por sua nova vida imediatamente.

Não esqueça que, quanto mais estiver no amor, no perdão e na compaixão em relação a tudo o que é transmitido pelo passado, mais sentirá boas emoções imaginando sua vida e, por conseguinte, mais rapidamente uma nova energia se instalará em você.

Repita tudo isso inúmeras vezes para que seu cérebro "imprima" a mensagem e esteja certo de que é isso mesmo que deseja. Acompanhe o processo dos vários pedidos e intenções que serão lidos e relidos, ditos e repetidos o mais frequentemente possível.

Acrescente o mantra de ho'oponopono para deixar a sua parte divina guiar e auxiliar na libertação do passado.

Para facilitar a formulação dos pedidos sugerimos alguns exemplos:

- "Peço meu novo presente aqui e agora, no qual a alegria, o amor e o sucesso estarão presentes imediatamente, mesmo não sabendo como isso será feito."

- Peço que todas as coisas do meu passado sejam libertadas para que eu possa viver hoje plenamente uma nova vida, repleta de amor, abundância, sucesso... mesmo que eu não acredite nisso."

- "Escolho ser eu mesmo, aqui e agora, completamente livre do passado, mesmo que não saiba como."

- "Escolho perdoar todos e libertar toda pessoa que me causou algum mal, mesmo que isso me pareça impossível."

- "Aceito as minhas escolhas e a minha responsabilidade nos acontecimentos do passado, mesmo que eu não saiba como."

A lista de possibilidades não tem fim. Você pode acrescentar tudo aquilo que seja de seu agrado.

Neste exercício não esqueça as duas polaridades existentes em você; cada intenção, pedido e desejo deve ser expresso ou sentido levando-se em consideração suas dúvidas inconscientes.

Melhorar as relações

Sair dos conflitos

Em nossos relacionamentos familiares, amigáveis, profissionais ou amorosos, às vezes nos afastamos de uma pessoa, entramos em conflito com ela ou até mesmo ela nos causa algum sofrimento.

Quando nos encontramos em tal situação, certamente carregamos as memórias que a desencadearam, que criaram o desconforto quando encontramos essa pessoa. Esses conflitos quase sempre são positivos, pois colocam em evidência o que está errado conosco. Lembre-se de que sempre somos responsáveis por tudo!

Retomar o próprio poder instalará uma espécie de "campo de proteção" natural que poderá afastar certas pessoas e principalmente criar as rupturas necessárias em nosso entorno. Evidentemente, não se trata de nos separarmos de todos – seja nossos familiares, cônjuge, amigos – somente porque nos atrapalham ou não pensam como nós, e de repente decidirmos tomar a vida em nossas mãos! No entanto, retomar o poder e ser quem somos trará grandes transformações para nosso entorno, e isso tem importância! Essas transformações, em um primeiro momento, podem nos perturbar, mas depois serão muito positivas.

Relacionamentos poluentes

As relações "poluentes" são, na realidade, aquelas que devemos cortar rapidamente para o nosso próprio bem.

Como saber se uma relação é poluente? Quando ela desencadeia a diminuição de nossa energia. Por exemplo: a pessoa com quem nos relacionamos (amigo, parceiro amoroso, colega de trabalho...) vive constantemente mergulhada em uma energia negativa que passa para nós. Em vez de acreditar em nós e em nossos projetos, ela nos dá frequentemente conselhos negativos (não confundir com conselhos construtivos!) que, muitas vezes, começam com "você não deveria...", "não é uma boa ideia"...

Uma pessoa poluente, em vez de encorajar, de ser positiva, procura, na maioria das vezes, desencorajar, não importa quais ações procuramos fazer. Ela é obstinada em nos fazer ver o lado negativo e preocupante de tudo (ao contrário de quem é positivo, que sempre nos encoraja). Uma pessoa poluente nos "rouba" a energia com seus próprios problemas; desprezando, por fim, os nossos.

A pessoa poluente tem medo; sua incapacidade de pôr em prática o novo e seus ciúmes a influenciam, fazendo de tudo para atormentar todos a seu redor, impedindo que realizem aquilo que ela mesma não consegue realizar. Essa é a situação mais frequente.

Fazer um balanço dos relacionamentos

Observe as pessoas próximas a você com um novo olhar e coloque-se algumas questões:
• Quando você alcança o sucesso em alguma coisa, quem de fato fica totalmente contente, com um entusiasmo sem limites?
✎..
....
....
• Quem nunca critica você?
✎..
....
....

Como somos responsáveis pelas decisões que tomamos em nossa vida, nós mesmos damos permissão a essas pessoas para fazerem o que fazem; permitimos que nos atinjam... Carregamos em nós as memórias que permitem esse tipo de relacionamento se desenvolver bem perto de nós.

Um trabalho sobre si mesmo

Nessas situações, evidentemente podemos trabalhar com o mantra de ho'oponopono e começar, da mesma forma, a nos interrogar sobre o tipo de poder que delegamos ao outro.

Um exemplo pessoal

Sem que eu tivesse consciência, permiti que pessoas detivessem o poder sobre minha vida. Dessa forma, criei situações bem embaraçosas: dei a essas pessoas uma parte de meu poder por necessidades inconscientes de controle ou de reconhecimento. Quando decidi retomar esse poder, isso evidentemente causou alguns problemas, pois o tipo de relação que eu havia instaurado não podia mais perdurar. Assim, para o meu próprio bem, fui obrigada a cortar todo contato com essas pessoas. Não tinha ressentimento algum em relação a elas, mas compreendi que não podiam mais fazer parte de meu convívio. Isso nem sempre foi bem aceito, uma vez que cada pessoa enxerga uma dada situação sob o seu próprio prisma.

Se você se encontrar nesse tipo de situação, use ho'oponopono para liberar completamente o sistema e ao mesmo tempo curar a outra pessoa (falaremos sobre isso um pouco mais adiante).

O mesmo acontece nas relações de poder em que cada um quer ter razão. Mas por quê? Para ter o controle, o poder, para dizer "existo" e obter do exterior a confirmação de sua existência? Bem sabemos que isso não serve para nada. Tudo vem do interior; se desejamos guardar o poder, seu reconhecimento e o reconhecimento de nossa existência, devemos fazê-lo nós mesmos sem esperar nada dos outros.

Dessa forma, nunca é demais lembrar: é possível encontrar a paz consigo mesmo. Não é mais necessário procurar preencher, a partir do exterior, as ausências ou privações interiores. Ao fazermos esse trabalho nossos relacionamentos vão se libertando progressiva e completamente.

Libertar os relacionamentos

Muitas frases que dizemos têm ligação com esses relacionamentos que queremos limpar e libertar, sempre lembrando dos dois polos (positivo e negativo) que estão em nosso interior.

"Escolho encontrar pessoas formidáveis que se assemelham a mim, mesmo que eu não saiba como."

"Peço que eu tenha bons clientes, que me paguem e que falem bem de mim para todos, mesmo que eu não acredite."

"Escolho estar em paz e harmonia em todos os meus relacionamentos, em qualquer nível, mesmo que eu acredite ser impossível."

"Tudo se passa bem em meus relacionamentos, principalmente quando sou eu mesmo, e mesmo se não acreditar nisso."

"Todas as pessoas poluentes são automaticamente afastadas de mim, mesmo que isso pareça impossível."

"Aceito minha família como ela é, mesmo que não saiba como."

"Vivo uma relação de harmonia perfeita e de amor com meu cônjuge, mesmo se não acredito nisso."

A saúde

A decodificação biológica

A decodificação biológica é a interpretação do código de tudo o que está em nosso interior: nossos conflitos não resolvidos e tudo aquilo que ficou escondido bem no fundo, inconscientemente (ou não), geradores de doença. Nossas doenças surgem para nos curar de alguma coisa escondida, invisível, inconsciente. Nós vivemos dos choques, dos acontecimentos, das dificuldades. Continuamos a viver, e, de repente, um drama menos importante nos atinge e provoca um torcicolo ou outra enfermidade.

Certo dia afastamos tudo o que nos atrapalhava e continuamos a colocar de lado tudo o que não queremos enfrentar, imaginando que nada poderia ressurgir sem a nossa autorização. No entanto, tudo isso, guardado em algum canto de nossas memórias, espera somente um pequeno sinal para emergir e, eventualmente, nos devastar! Se não tomarmos a decisão de efetuar uma limpeza, nosso corpo, que suporta todas as tensões interiores, conscientes ou inconscientes, acabará por nos enviar um aviso.

Ho'oponopono pode nos socorrer quando surgirem problemas de saúde, mental ou física. Logicamente, não é questão de substituir o trabalho do médico, senão acompanhar e dar apoio a esse trabalho. Surge a doença, grave ou não, pois o corpo é o receptáculo de todas as emoções, de todos os corpos energéticos e de todos os conflitos não resolvidos. Então, imaginemos todas as mensagens de alerta que o corpo nos envia ou, simplesmente, toda informação recebida sobre nosso estado atual.

Cada parte do nosso corpo corresponde a uma emoção, a um sentimento que não pôde ser verbalizado nem ouvido. De fato, aquilo que não é expresso fica impresso.

A título de orientação, algumas noções podem ser encontradas em qualquer bom dicionário de decodificação de doenças, como *Le Grand Dictionnaire des Malaises et des Maladies*, de Jacques Martel[11].

---

11 Publicado pela Éditions Quintessence Holoconcept, 2007.

Tabela de correspondências entre os problemas físicos e as partes do corpo

Parte do corpo	Significado possível dos problemas
Cabelos	Força
Couro cabeludo	Fé em minha divindade
Cabeça	Individualidade
Olhos	Capacidade de ver
Orelhas	Capacidade de ouvir
Nariz	Capacidade de sentir situações e pessoas
Lábios	Superior, feminino; inferior, masculino
Dentes	Decisões: feminino em cima, masculino em baixo.
Pescoço	Flexibilidade na maneira de ver as situações
Garganta	Expressão, criatividade, comunicação
Ombros	Capacidade de assumir as responsabilidades
Braço	Capacidade de apreender situações e pessoas (prolongamento do coração, depois dos ombros)
Cotovelos	Flexibilidade nas mudanças
Dedos	Detalhes do cotidiano
Polegar	Preocupações ligadas ao intelecto ou à audição
Indicador	Medo ligado ao ego ou ao olfato
Dedo médio	Raiva ou preocupação ligada à visão
Anelar	Desgosto ligado a uma união ou ao tato
Dedo mínimo	Família ou paladar

Parte do corpo	Significado possível dos problemas
Sangue	Alegria
Seios	Lado maternal
Pulmões	Necessidade de espaço, vida
Estômago	Capacidade de "digerir" os acontecimentos
Costas	Sustentação e suporte
Articulação	Capacidade e flexibilidade para se curvar à vida
Pele	Ligação entre o exterior e o interior
Ossos	Estrutura do mundo no qual eu vivo
Útero	Lar
Intestinos	Capacidade de desapegar do que não é essencial e da vida em geral
Rins	Medo
Pâncreas	Alegria interior
Fígado	Crítica e raiva
Pernas	Capacidade de avançar
Joelhos	Orgulho, obstinação, flexibilidade
Tornozelos	Flexibilidade nas novas direções
Pés	Direção de minha vida
Dedo dos pés	Detalhes do meu futuro

Para analisar mais detalhadamente um problema físico particular é preferível se orientar por um dicionário de decodificação que apresenta todas as origens possíveis das indisposições e doenças, e de consultar um médico. Para tomar um exemplo, os problemas de visão podem indicar que não enxergamos a realidade como ela é. O mesmo ocorre com as orelhas. O fenômeno dos zumbidos que atingem um número cada vez maior de pessoas no mundo reflete com frequência a incapacidade de alguém ouvir sua pequena voz interior. Esses zumbidos são sons ou assobios que ouvimos sem que eles "existam" fora de nós, sem que sejam produzidos por uma fonte externa.

Ho'oponopono pode ser de grande ajuda para pedir à parte divina em nós que limpe o nosso corpo. Pensando nisso, podemos realizar o seguinte exercício com todas as partes do corpo para pedir *uka*, limpeza completa.

Limpar o corpo

Deite-se confortavelmente em sua cama e relaxe.
Preste atenção sucessivamente em cada parte do corpo, da cabeça aos pés, ou o inverso.
Para cada parte do corpo (garganta, órgãos internos, quadris, coxas, cabeça etc.) repita o mantra de ho'oponopono pedindo que todas as memórias que estão estocadas nesses locais sejam limpas.

Aceitar o que somos

Como dissemos anteriormente, escolhemos nossa encarnação. Aceitar esse fato é muito útil para aprender a amar como somos, em todos os aspectos. De fato, isso pode parecer muito injusto caso tenhamos, por exemplo, nascido com um grande problema físico, o que torna o trabalho com ho'oponopono ainda mais importante.

> **Ficar em paz com o corpo**

Em seguida, sugerimos algumas frases que devem ficar visíveis – por exemplo, no banheiro – e serem lidas todos os dias para que se dê apoio ao processo de transformação:
"Meu corpo é magnífico do jeito que é, mesmo que eu não acredite nisso."
"Agradeço todos os dias por ter uma boa saúde e por todas as partes de meu corpo, mesmo que eu nem sempre pense nisso."
"Meu corpo está sempre saudável, mesmo que eu não saiba como."
"Dedico uma parte de meu dia para o bem-estar de meu corpo, mesmo que eu não saiba como."
Faça outras frases como estas, adaptadas à sua situação pessoal.

Abundância, sucesso, trabalho

Memórias que limitam

Em nosso sistema social, a abundância, o sucesso social e o trabalho se tornaram tão essenciais como a saúde. As dificuldades encontradas nesses campos indicam que carregamos em nós muitas memórias que atrapalham sua fluidez.

Durante todo o tempo em que carregamos essas memórias desagradáveis, todo nosso ser se encontra limitado, repleto delas, não podendo ser libertado. Essas memórias limitantes, além de funcionarem como ímãs que atraem situações negativas ou problemáticas, impedem que cada um se conecte a si mesmo e a seu interior.

Dessa maneira, agimos em função de tais memórias, perdendo totalmente a ligação com nossa inspiração e com a ação adequada capaz de trazer situações mais positivas e gratificantes ou até mesmo vantajosas. De fato, o ego e a mente, com seus medos e necessidades, além de não corresponderem à correta inspiração, continuam a nos guiar pelos maus caminhos.

Entre nós, é possível que exista alguém que exerça uma profissão sem saber exatamente por que, ou tenha sido escolhida mais por razões familiares do que por opção própria? Progressivamente, com o tempo, constata-se que não houve evolução positiva em trabalho.

Talvez então ela comece a se interessar por outros domínios, radicalmente diferentes e que talvez nem tenham de fato reconhecimento social. No entanto, por causa das consequências trazidas pelas novas escolhas, a opinião dos outros, a pressão social, a necessidade de reconhecimento, essa pessoa não ousa dar o passo que a levaria na direção desejada. Se nada mudar de lugar, ela poderá passar a desenvolver conflitos interiores entre o desejado interiormente e a imagem exterior. Tudo isso poderá gerar problemas de saúde.

Permitir as soluções

A utilização de ho'oponopono pode ajudar a compreender tudo isso ao libertar as memórias que nos impedem de avançar. Alternativas, soluções e novas oportunidades naturalmente surgirão sem que haja necessidade de procurá-las conscientemente.

Isso funciona para uma profissão, para a abundância em geral ou ainda para o poder criativo em todos os níveis. Por exemplo, basta que a falta de dinheiro nos domine para que esse problema se torne imenso: concentramos todas as emoções no medo de não ter o suficiente para pagar as contas. Esse modo de agir nos impede de sair do círculo vicioso limitante, traçado há muito tempo.

Com toda razão, nem sempre é simples ignorar a falta de dinheiro quando isso nos incomoda e debilita, mas, como em qualquer situação, se não conseguirmos nos afastar do problema, ficaremos paralisados e assim impediremos que qualquer nova possibilidade ocorra. Se acreditamos que não temos direito à abundância ficará impossível chegarmos até ela.

Como já dissemos, o dinheiro também é uma energia. Certas pessoas não conseguem aceitar essa ideia talvez por causa das memórias relacionadas ao dinheiro que estão gravadas em seu interior. Outras oferecem muita coisa, mas têm dificuldade em aceitar presentes. No entanto, a energia deve funcionar nos dois sentidos: dar e receber. Assim, deve-se aceitar receber, e ho'oponopono presta ajuda nessa situação.

Os problemas de abundância, de trabalho ou de falta de criatividade muitas vezes estão ligados à falta de valorização pessoal. Se não nos damos valor suficiente, como poderemos receber dos outros e do universo? Como conseguir um trabalho se não acreditamos em nossa competência?

Leia as frases propostas abaixo ou crie outras de acordo com suas necessidades:

"Tenho uma vida plena em todos os níveis, mesmo que acredite ser impossível."

"Tenho dinheiro para pagar todas as minhas contas, mesmo que não saiba como."

"Tenho o direito de receber e de desfrutar de abundância em minha vida, mesmo que não saiba como."

- "Peço para receber 100 vezes o que gasto, mesmo que não acredite."

- "Tenho segurança financeira, mesmo que sinta medo de sua falta."

- "Tenho o dinheiro necessário quando preciso dele, mesmo que isso pareça difícil e impossível."

- "Atraio a abundância em minha vida aqui e agora, mesmo que não saiba como".

- "Mereço o sucesso, pois sei que tenho valor, mesmo que eu não acredite nisso."

- "Peço um trabalho especial no qual eu me realize e que traga tudo aquilo de que preciso em todos os níveis, mesmo que isso pareça impossível."

- "Decido deixar o emprego que não me satisfaz e peço um novo emprego que seja do meu interesse, mesmo que tenha medo das consequências."

A retomada da cura

Com ho'oponopono decidimos não somente curar a nós mesmos, mas também todos os que estão à nossa volta, aqueles com os quais temos relação; relacionamento de um dia, encontro fortuito, relação de família, de casal, e até mesmo com os filhos. Vamos tornar sadias as ligações que nos unem.

O que queremos ser ou nos tornar? Esta é uma questão importante que precisa ser feita. Trabalhar com ho'oponopono transforma, porque aceitamos desde o início que somos 100% responsáveis e criadores de nossa vida. Essa é a fase primordial! É um despertar em todos os níveis.

Assim, passaremos de um estado de submissão para um estado de criatividade. Sairemos da letargia do inconsciente em qualquer nível para a consciência de tudo! De fato, permanece em tudo isso a personalidade forjada pelas memórias que recebemos no nascimento, presente de família, e as memórias que construímos ao longo da infância e da adolescência. Mas, ao passarmos para o estado de pessoa totalmente consciente e criativa, essas memórias adquiridas se modificam, e assim podemos acabar com os sofrimentos e as tragédias que elas encerram.

Temos o direito de fazer dessa forma, o direito de estabelecer um cenário totalmente diferente. Necessariamente, isso nos modificará, provocando impacto sobre o que nos cerca e às pessoas que estão à nossa volta.

É assim que funciona o sistema, permitindo-nos atrair situações e pessoas com frequência de vibração igual à nossa. Ao sofrermos essa modificação influenciaremos os outros de maneira significativa.

Proponho que você utilize as frases abaixo e crie outras, caso sinta necessidade:

"Eu me amo, mesmo que não saiba como."

"Reconheço meu valor aqui e agora, mesmo que ainda não acredite nisso."

"Escolho viver em segurança em todos os níveis de minha vida, mesmo que isso pareça impossível."

"Escolho viver em harmonia com as pessoas que me cercam em todos os domínios de minha vida – pessoal, profissional, familiar –, mesmo que não saiba como.

"Digo não quando preciso dizer, mesmo que tenha medo de me sentir culpado."

"Escolho viver em paz a cada dia de minha vida, mesmo que tenha medo de não conseguir."

"Sou reconhecido e querido por meu valor, mesmo que pense ser impossível."

"Decido ser totalmente confiante no meu futuro em qualquer nível, mesmo que não acredite."

"Escolho liberar todos os meus sofrimentos e emoções do passado que me impedem ser quem sou, mesmo que não saiba como fazer."

"Escolho ser quem sou, mesmo que tenha medo de desagradar."

"Decido me afastar das relações poluentes, mesmo que tenha medo de sentir culpa."

"Escolho acreditar em mim, mesmo que tenha dúvidas."

Ho'oponopono para começar e terminar o dia

A limpeza é essencial no amanhecer e no anoitecer.

No amanhecer, quanto mais estamos envolvidos pela energia positiva – uma energia de acolhimento e receptividade – mais estaremos preparados para conquistar e ter sucesso no nosso dia e de trazer a alegria, a felicidade, a consideração, a harmonia... Assim, desde o amanhecer, em função do dia que começa, é necessário decidir pelos projetos de recitação do mantra, em que momentos utilizaremos ho'oponopono para limpar o que deve ser limpo.

À noite podemos usar o mesmo mecanismo. É importante ter pensamentos positivos antes de dormir; de outra forma, o inconsciente alimentará as memórias muitas vezes embaraçadas. Adormecer pensando nas dificuldades do momento, nos problemas encontrados durante o dia não ajudará a resolvê-los! Ao contrário, se ao recitar o mantra deixamos os pensamentos relativos a dúvidas, inquietações ou dificuldades concretas nas mãos de nossa divindade, a noite será usada para limpar o que deve ser limpo. Ao fazer isso todas as noites poderemos obter mudanças radicais e transformar nossa vida.

Preparar um momento importante

Da mesma forma que prepara para o dia ou para a noite, ho'oponopono pode ser usado para preparar um evento específico ou um projeto. Uma reunião importante está prevista? É possível fazer uma limpeza nos temores que poderiam projetar uma energia negativa nesse encontro. Assim, quando decidimos limpar os pensamentos negativos que poderiam atrapalhar uma entrevista importante ou um projeto nos permitimos ter a chance de sucesso.

Esse trabalho prévio tem a vantagem de limpar não somente todas as pessoas ligadas ao acontecimento, mas também permite desapegar mais facilmente de seu desenvolvimento ou do resultado dele. De fato, ao aplicar ho'oponopono e recitar o mantra adquirimos mais confiança, calma e permanecemos mais serenos no momento da reunião ou encontro. Dessa forma, mesmo quando os acontecimentos tomarem um rumo não esperado, estamos mais preparados para aceitar e, consequentemente, apresentar uma reação mais construtiva.

A todo momento

Um princípio importante a ser adotado: ter o reflexo ho'oponopono ao caminhar, correr e sempre que houver possibilidade. A confiança e a paz interior que esse gesto propicia acabarão por se instalar automaticamente.

Um exemplo no dia a dia

Um dia, na estação, eu estava numa fila de espera para comprar um chocolate. Um homem na fila, logo à minha frente, esbravejava contra o mundo. Sua fúria começava a aumentar. Apliquei ho'oponopono para que a situação se acalmasse e para que eu mesma ficasse calma e serena diante de sua agressividade e violência. Quando chegou a sua vez, aquele homem fez seu pedido de maneira violenta. Os balconistas consequentemente reagiram, o homem acabou os insultando e eles se recusaram a servi-lo. Durante esse tempo continuei, em meus pensamentos, a recitar o mantra para tentar sanar a violência instalada. Finalmente, o homem foi embora sem causar mais problemas. O que teria ocorrido se eu não tivesse recitado o mantra de ho'oponopono? Eu havia sentido que o homem era muito violento, dando a impressão de que a qualquer instante atingiria alguém com um soco.

Preste atenção onde ou em quem seu olhar se fixa. Quando prestamos atenção em algum problema, em alguma coisa ou pessoa de nosso entorno – por exemplo, alguém com sobrepeso –, é possível que nós mesmos estejamos com o problema ou então que somos obcecados pela ideia de que estamos com sobrepeso. Decida então, imediatamente, liberar esse pensamento com ho'oponopono.

Para a perda de peso, por exemplo, esse método pode operar milagres. O mesmo ocorre com qualquer dependência, como cigarro, álcool, chocolate... Alimentamos uma dependência quando temos necessidade de preencher uma lacuna, uma carência... O chocolate, justamente, como qualquer outro doce, frequentemente é procurado quando existe falta de afeto. Se nos sentimos mais reconfortados com um docinho, não há mal algum. Mas se isso se tornar muito frequente, a consequência pode ser um aumento de peso.

Se somos dependentes de algum alimento, de cigarro ou qualquer outra coisa, vamos usar as quatro frases de ho'oponopono para ajudar a nos libertar. Essa dependência é sempre o sinal de alguma carência ou privação que tentamos preencher com outras coisas, em vez de reconhecermos o que nos falta...

O método ho'oponopono também deve ser adotado como se fosse uma segunda pele; precisamos utilizá-la de todas as maneiras possíveis para o renascimento total e para uma nova vida mais harmoniosa e mais tranquila!

Guardar o essencial

- Ho'oponopono permite libertar o passado em qualquer nível.

- Graças a essa técnica podemos melhorar e transformar todos os aspectos da vida cotidiana: relacional, material, físico...

- Quando limpamos as memórias também libertamos o nosso entorno e os nossos relacionamentos.

- Ho'oponopono é uma atitude e um reflexo a ser adotado no dia a dia.

Capítulo 9

E DEPOIS...

No programa
- Aceleração da energia
- Muito bom para ser verdade?
- Mudar a si mesmo, mudar o mundo
- Para terminar
- Guardar o essencial

> *"Os cães vivem o momento presente para que possamos com eles aprender ou relembrar."*
> Eckhart Tolle

Depois de recitar as frases de ho'oponopono, o que fazer? Seria tudo isso bom demais para ser verdade? Vamos relembrar, uma última vez, as constatações e conclusões convincentes que nos ajudarão a abandonar definitivamente o *mau* controle que exercemos sobre nossa vida!

Aceleração da energia
Uma nova energia

Há mais de 10 anos praticando *feng shui, coaching* etc., a energia vital, de fato, sofreu uma aceleração. Eu chego a essa constatação de maneira ainda mais evidente na utilização de minha ferramenta de reprogramação DNA. Por volta de 2008, comecei a utilizar essa ferramenta e, hoje em dia, não a utilizo mais da mesma maneira. Antes, para uma situação precisa era necessário séries de quase 15 protocolos; hoje chegamos aos mesmos resultados com sessões de 2 horas.

Por quê? Porque estamos prontos para libertar e temos energia para tornar isso possível. Nós evoluímos e as ferramentas que estão à nossa disposição também evoluíram. Sem dúvida, esse é um motivo de ho'oponopono funcionar tão bem e de ser muito apreciado. É fácil, lúdico e eficaz.

Há 5 ou 10 anos não sei se essa ferramenta poderia funcionar tão bem. Mas o nível e a aceleração da energia em que vivemos são tão altos, que tudo se torna possível e muito mais rápido. Podemos ter acesso mais rapidamente às profundezas de nosso ser e, assim, limpar de fato o "fundo do tacho", enquanto que, durante muito tempo, permanecíamos na superfície, eliminando as camadas, uma após a outra. Naquela ocasião nosso trabalho tinha relação com as partes de nós mesmos – algumas "gavetas da cômoda", mas não se relacionava à síntese de tudo o que somos.

Numerosas ferramentas

Hoje em dia não temos mais desculpas para deixar fechada a consciência sobre o que somos. Muitas ferramentas, tais como ho'oponopono, constelações familiares ou EFT, existem para tratar em profundidade todas as nossas dificuldades.

Mesmo que ho'oponopono possa substituir um método de desenvolvimento pessoal, não se deve abandonar as outras terapias ou outras ferramentas. Desde o início deste livro tentei trazer ao conhecimento de todos as várias abordagens com exercícios para serem feitos, como o pensamento positivo, a visualização, a meditação, o trabalho de gratidão. O objetivo é "ser" e libertar tudo aquilo que constitui um bloqueio ou impedimento! Assim, quanto mais ferramentas utilizamos, mais rapidamente o processo será instalado.

Para isso é preciso estar focado, escolher com cuidado os métodos que nos inspiram, tendo confiança em nossos sentimentos e em nossa intuição. De fato, esses dois elementos correspondem ao nosso eu profundo, enquanto que a análise nos leva ao nível mental e ao conjunto de memórias ainda bloqueadas no interior de nós mesmos.

Muito bom para ser verdade?
Permanecer consciente

A ideia de que tudo isso é muito bom para ser verdade talvez venha da crença bem arraigada em nós que nos diz que não é possível se limpar tão facilmente. O mesmo ocorre quando pensamos que seria impossível trabalhar de maneira fluida, sem se esgotar mas ganhando adequadamente a vida, ou ainda quando pensamos que o destino está contra nós desde que nos deparamos com alguma contrariedade.

Nosso ego fica feliz quando destila essas crenças e as mantém em nosso domínio interior. Sabotar-se para não ter sucesso é uma realidade; a autossabotagem existe unicamente para agradar nossos programas de crença.

Dessa forma, manter-se consciente é primordial. É preciso abrir as barragens, pois o inconsciente coletivo, as egrégoras são muito poderosos à nossa volta. Todas essas formas de pensamento da crença coletiva ainda são mais fortes do que aquelas construídas no entorno de nosso ego e construíram toda a nossa personalidade! Mas, não somos essas formas de pensamento.

Ser a causa e a solução

A sorte não existe e a vida não comete erros no papel que confia a uma pessoa. Se algo acontece conosco, não é culpa de ninguém. Em vez de representar o papel de vítima, de culpar tudo e todo mundo é melhor perguntar por que tal situação está acontecendo. Mesmo que nos sintamos ameaçados, atacados, mal-amados, abandonados, sem reconhecimento... estamos na origem de tudo isso; somos nós que não nos amamos e não nos respeitamos.

Lembramos aqui três regras importantes que devem ser respeitadas para que avancemos na vida e a libertemos daquilo que a está atravancando:

- Um único obstáculo: nós mesmos! Devemos aceitar o que está errado em nós e parar de pensar que isso é provocado pelo exterior. Quanto mais rápido chegarmos a essa conclusão, mais rápido a libertação poderá intervir!

- As formas de pensamento que estão em nosso interior, sejam elas próprias ou coletivas, são terríveis quando despertam. Elas impregnam nossas células e todo nosso corpo. Se a raiva desperta, nossa voz, nosso corpo, nossas intenções... serão guiados por ela. O mesmo acontece com o medo ou a dúvida.

- Não temos escolha: é preciso encarar total e integralmente essa ferida, sem negociação. Ou a aceitamos em total confiança, juntamente com todo o medo que a acompanha, ou nos recusamos de entrar em nós mesmos e perdemos a chance de nos libertar definitivamente. Trata-se de se jogar no abismo porque ele não é o que pensamos. Ou deixamos o ego e tudo o que nos envolve nos governar – pensando que assim é que deve ser, que nada podemos fazer e que os outros são responsáveis por nosso sofrimento – ou então lançamos todo nosso ser no abismo e nos tornamos criadores de nossas vidas.

Sim, é possível! Nenhuma falsa crença pode nos desviar!

Mudar a si mesmo, mudar o mundo

"Seja a mudança que você quer ver no mundo."

Gandhi

Um método egoísta?

Afastar-se das pessoas poluentes, ter uma ação em função de si, cuidar de si antes de se preocupar com os outros... Visto sob a perspectiva da crença coletiva, cuidar de si pode parecer egoísmo. Mas, seria honesto cuidar dos outros por causa desse pensamento coletivo ou porque os outros julgam correto, quando não se consegue cuidar de si próprio?

Esse incontestável dilema atinge toda a humanidade e todo o universo. Estamos todos ligados e interagindo energeticamente; assim, quanto mais nos prendemos a esse amontoado de crenças e a essa vontade de não cuidar de nós mesmos, mais permanecemos nesse estado de energia e de vibrações baixas e poluídas.

O que acontece, então? Estamos longe daquilo que nos diz Gandhi na frase acima citada, pois mantemos um mundo feito por memórias erradas, de temores e de passividade total. Talvez sem saber favorecemos um mundo sem consciência, um mundo entorpecido. Permanecemos no "piloto automático", assumimos a política da avestruz, sem nada ver ou ouvir, pois é mais confortável do que penetrar no tornado turbulento de nossos sofrimentos e emoções. Não seria de fato esse o verdadeiro egoísmo?

Manter o rumo

O mundo precisa que cada um desperte e acorde! A partir do interior, fazendo um trabalho sobre todas as memórias com o método ho'oponopono e as outras ferramentas que estão à nossa disposição, podemos de fato mudar nossa vida, mas não é só isso! Modificaremos também o mundo, as situações e todas as pessoas à nossa volta ao subirmos o nosso nível de energia, nível de consciência que toda pessoa precisa para começar sua própria limpeza.

Não tenhamos medo de fazer esse trabalho, por nossa família, nosso cônjuge, nossos filhos, nossos colegas de trabalho, nossos clientes, nossos amigos e por toda a humanidade. Todos temos o direito de encontrar a paz, a harmonia e a liberdade de ser e de agir em nossas vidas.

Não importa se às vezes nos sentimos incompreendidos; não devemos guardar o sentimento de impotência diante das críticas, das censuras e dos obstáculos, mas manter o rumo e o objetivo, pois o essencial é estarmos autoconectados. E esse essencial chegará a todos nós na forma de um novo trabalho, de amigos, de um namorado...

Será necessário passar por experiências indispensáveis para aprender, evoluir e transformar, tendo sempre a esperança e a abertura às novas possibilidades. Esse é o desafio, e espero que todos nós consigamos vencer, para o nosso bem e pelo bem maior da humanidade.

Como o lama Guendune Rinpoche[12] diz, de maneira tão sábia, no poema sobre a felicidade:

A felicidade não pode ser encontrada com esforço e vontade,

Mas é encontrada muito perto, no relaxamento e no desprendimento.

Não fique angustiado, nada há a fazer.

Tudo o que chega à nossa mente é sem importância, pois é desprovido de qualquer realidade.

Não dê importância aos pensamentos, não os julgue.

Deixe o ardil da memória agir só, se elevar e cair, sem intervir.

Tudo se esvanece e recomeça, continuamente.

A própria busca da felicidade impede que a encontre

Como o arco-íris que perseguimos sem nunca o tocar, porque não existe, porque sempre esteve lá, e porque o acompanha a cada instante.

Não creia na realidade das coisas boas ou más.

São como o arco-íris.

Ao querer tocar o intocável, nos cansamos em vão.

---

12 Lama Guendune Rinpoche (1918-1997) foi um mestre do budismo tibetano. Exilado na França, fundou a Escola Dhagpo Kagyu Ling em Dordogne, em 1977.

Quando abandonamos a busca, o espaço surge, aberto, hospitaleiro e confortável.

Então, aproveite. Não busque mais.

Tudo já é seu.

Não vale a pena ir até a impenetrável floresta perseguir o elefante que lá permanece tranquilo.

Pare de assim fazer.

Pare de forçar.

Pare de querer.

E tudo estará completo, naturalmente.

Para terminar

Depois de praticar ho'oponopono, nada mais há a ser feito a não ser deixar vir a inspiração do que deve ser e apreciar a paz e a harmonia que nos habitarão progressivamente, cada vez mais.

Tentar mudar o outro ou transformar uma situação difícil só traz sofrimentos inúteis. É preciso aceitar e viver o momento presente, ter confiança no que somos e no que fazemos. Também é preciso não ficar na expectativa, mas se orientar para a energia de libertar e criar.

Gostaria de oferecer aos meus leitores, como conclusão, este poema de Portia Nelson citado em *Le livre tibétain de la vie et de la mort*, de Sogyal Rinpoché[13]:

---

13 RINPOCHÉ, S. *Le livre tibétain de la vie et de la mort*. Paris: LGF, 2005 [Le Livre de Poche].

"Passo pela rua...

Há um fundo buraco na calçada:

Caio dentro.

Estou perdido... desesperado.

Não é minha culpa.

Levo um tempo para sair.

Passo pela mesma rua.

Há um fundo buraco na calçada:

Faço de conta que não o vejo.

Caio dentro novamente.

Não acredito que estou no mesmo lugar.

Levo mais tempo para sair.

Passo pela mesma rua.

Há um fundo buraco na calçada:

Eu o vejo bem.

Caio dentro da mesma forma... virou uma mania.

Meus olhos estão abertos.

Eu sei ou eu sou.

É minha culpa.

Saio imediatamente.

Passo pela mesma rua.

Há um fundo buraco na calçada:

Me desvio dele.

Passo por outra rua..."

Guardar o essencial

- O mundo e a energia estão acelerados; é preciso aproveitar para nos libertar mais rapidamente.

- Estejamos vigilantes: todas as memórias coletivas que carregamos devem ser encontradas, são as mais poderosas.

- Ao nos livrar dessas memórias coletivas libertaremos progressivamente os que estão próximos.

- Ho'oponopono nos trará a paz interior.

- Com ho'oponopono criamos uma nova vida e participamos da construção de um mundo bem melhor.

Referências

DYER, W. *Le pouvoir de l'intention* – Apprendre à cocréer le monde à votre façon. Quebec: Ada, 2004.

LAWRENCE, D.H. *Love poems and others*. Nova York: Mitchell Kennerley, 1913.

MAEDEN, O. *L'attitude victorieuse*. Genebra: J.-H. Jeheber, 2013.

NELSON, P. *There's a hole in my sidewalk*. Nova York: Atria, 1994.

RINPOCHÉ, G. *Mahamoudra*. Dzambala, 2007.

RINPOCHÉ, S. *Le livre tibétain de la vie et de la mort*. Paris: LGF, 2005 [Le Livre de Poche],

TOLLE, T. *Le pouvoir du moment présent*. Paris: J'ai Lu, 2010.

VITALE, J. & HEW LEN, I. *Zero limits*: The Secret Hawaiian System for Wealth, Health, Peace and More. Nova York: John Wiley & Sons, 2009.

A AUTORA

Laurence Dujardin é consultora de *feng shui* e *coach* de bem-estar há mais de uma década, e escritora de diversas obras.

LEIA TAMBÉM:

O grande livro de Ho'oponopono
Sabedoria havaiana de cura

Jean Graciet, Dr. Luc Bodin e Nathalie Bodin

"**Arte**" ancestral havaiana, o Ho'oponopono permite apagar em você as memórias e programas inconscientes que o perturbam, o que lhe traz paz interior e harmonia na vida. Quando um acontecimento desagradável ocorrer, pratique o Ho'oponopono.

O processo se dá em cinco etapas:

• **Eu sou 100% criador** de tudo o que acontece na minha vida. Esta conscientização é um momento essencial: são somente você e os seus pensamentos que criam todos os acontecimentos que surgem na sua vida. Os outros não têm nada a ver com isto. Se você corrigir os seus pensamentos, poderá então mudar a sua realidade!
• **Sinto muito**, porque eu ignorava que essa memória estava em mim. Sinto muito também pelo que ela pôde causar de desagradável.
• **Perdão**, porque eu ignorava ser o autor do acontecimento em questão. O perdão libera do passado e proporciona paz.
• **Obrigado** a este acontecimento, que me fez tomar consciência desta memória perturbadora e me deu a oportunidade de limpá-la.
• **Eu te amo**, eu amo todos vocês, os outros, a vida, as memórias e a mim mesmo.

Graças ao Ho'oponopono você não buscará mais mudar os outros e o mundo exterior, mas verá o que precisa ser curado dentro de si mesmo. Você ficará então em paz, e a inspiração virá sussurrar no seu ouvido a melhor solução para resolver o conflito!

Jean Graciet *é praticante de PNL e hipnose ericksoniana, além de especialista em pesquisa do sentido dos sintomas e das doenças. Ele dirige conferências e workshops sobre os temas do relacionamento, da evolução individual e do despertar das consciências.*

Luc Bodin *é doutor em medicina, formado em Oncologia Clínica e especializado em Medicinas Naturais. Ele é conselheiro científico junto a várias revistas de saúde e autor de muitos livros de sucesso voltados para o público em geral a respeito de suas áreas de competência, tais como câncer, Doença de Alzheimer, fibromialgia, fadiga crônica.*

Nathalie Bodin *é consultora em feng shui. Fascinada pelo mundo energético, ela se formou em diferentes práticas e continuou suas pesquisas com o estudo da psicogenealogia, da língua dos pássaros e das técnicas de purificação do espaço.*

Editorial

CULTURAL
- Administração
- Antropologia
- Biografias
- Comunicação
- Dinâmicas e Jogos
- Ecologia e Meio Ambiente
- Educação e Pedagogia
- Filosofia
- História
- Letras e Literatura
- Obras de referência
- Política
- Psicologia
- Saúde e Nutrição
- Serviço Social e Trabalho
- Sociologia

CATEQUÉTICO PASTORAL
Catequese
- Geral
- Crisma
- Primeira Eucaristia

Pastoral
- Geral
- Sacramental
- Familiar
- Social
- Ensino Religioso Escolar

TEOLÓGICO ESPIRITUAL
- Biografias
- Devocionários
- Espiritualidade e Mística
- Espiritualidade Mariana
- Franciscanismo
- Autoconhecimento
- Liturgia
- Obras de referência
- Sagrada Escritura e Livros Apócrifos

Teologia
- Bíblica
- Histórica
- Prática
- Sistemática

REVISTAS
- Concilium
- Estudos Bíblicos
- Grande Sinal
- REB (Revista Eclesiástica Brasileira)

VOZES NOBILIS
Uma linha editorial especial, com importantes autores, alto valor agregado e qualidade superior.

VOZES DE BOLSO
Obras clássicas de Ciências Humanas em formato de bolso.

PRODUTOS SAZONAIS
- Folhinha do Sagrado Coração de Jesus
- Calendário de mesa do Sagrado Coração de Jesus
- Agenda do Sagrado Coração de Jesus
- Almanaque Santo Antônio
- Agendinha
- Diário Vozes
- Meditações para o dia a dia
- Encontro diário com Deus
- Guia Litúrgico

CADASTRE-SE
www.vozes.com.br

EDITORA VOZES LTDA.
Rua Frei Luís, 100 – Centro – Cep 25689-900 – Petrópolis, RJ
Tel.: (24) 2233-9000 – Fax: (24) 2231-4676 – E-mail: vendas@vozes.com.br

UNIDADES NO BRASIL: Belo Horizonte, MG – Brasília, DF – Campinas, SP – Cuiabá, MT
Curitiba, PR – Fortaleza, CE – Goiânia, GO – Juiz de Fora, MG
Manaus, AM – Petrópolis, RJ – Porto Alegre, RS – Recife, PE – Rio de Janeiro, RJ
Salvador, BA – São Paulo, SP

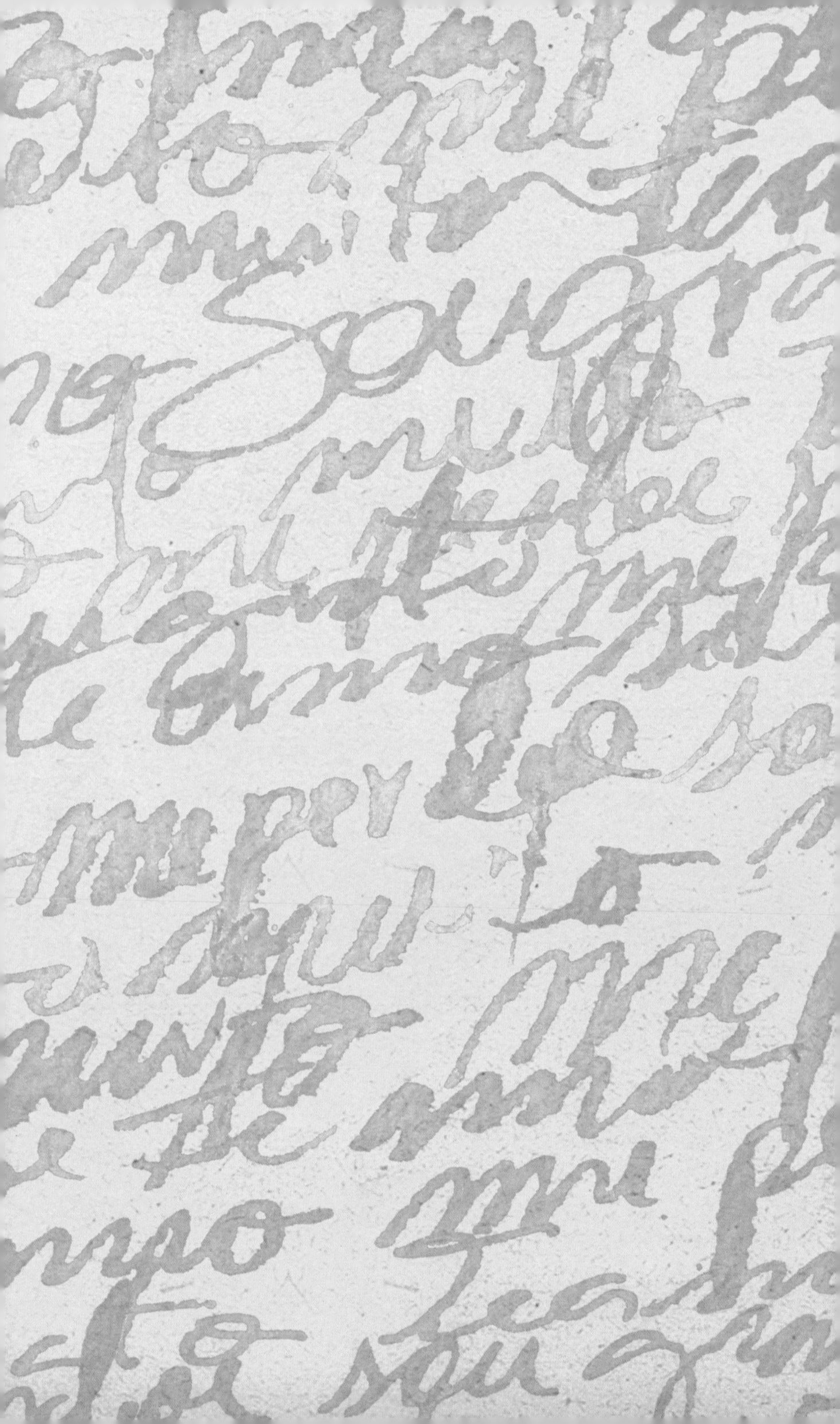